高中健美操专项化教学理论与实践

施 燕 著

上海大学出版社
·上海·

图书在版编目(CIP)数据

高中健美操专项化教学理论与实践 / 施燕著.
上海：上海大学出版社, 2025. 5. -- ISBN 978-7-5671-
5249-6
Ⅰ. G633.962
中国国家版本馆 CIP 数据核字第 2025JL4105 号

责任编辑　邹西礼
封面设计　柯国富
技术编辑　金　鑫　钱宇坤

高中健美操专项化教学理论与实践
施　燕　著
上海大学出版社出版发行
(上海市上大路 99 号　邮政编码 200444)
(https://www.shupress.cn　发行热线 021 - 66135112)
出版人　余　洋

*

南京展望文化发展有限公司排版
广东虎彩云印刷有限公司印刷　各地新华书店经销
开本 710mm×1000mm　1/16　印张 13.5　字数 208 千字
2025 年 5 月第 1 版　2025 年 5 月第 1 次印刷
ISBN 978-7-5671-5249-6/G・3698　定价　68.00 元

版权所有　侵权必究
如发现本书有印装质量问题请与印刷厂质量科联系
联系电话：0769 - 85252189

序言

　　健美操运动自20世纪60年代末、70年代初兴起以来,以其鲜明强烈的韵律节奏、丰富多样的动作编排、轻松活泼的表现力迅速风靡全球,迄今长盛不衰。我国健美操运动有着广泛而深厚的群众基础,深受健身运动爱好者特别是青少年群体的欢迎,很多中小学生是健美操运动的忠实拥趸。健美操运动具有良好的德育价值、健身价值、观赏价值,很多中小学校也认识到健美操运动对于繁荣和活跃校园体育文化的独特魅力,因此将其作为校园特色体育项目而加以精心培育。

　　上海市崇明中学资深体育教师施燕,是中国啦啦操国家级裁判,长期致力于高中健美操教学方法的研究和探索,积极开拓创新,深入挖掘,积累了十分丰富的教学实践经验,悉心总结高中健美操的课程成果,曾经多次荣获上海市、崇明区中学体育课堂教学评比大奖。施燕老师致力于不断提升自己的专业素养和教学艺术,2012年入选上海市教育系统体育教育学科带头人后备人选,并于2015年受公派赴美学习,进一步拓宽了专业视野。近年来,施燕老师指导崇明中学健身操及啦啦操队伍取得骄人成绩,在全国青少年校园青春健身操大赛和上海市阳光大联赛健身操大赛中屡获一等奖,2016年带领崇明中学代表上海参加全国啦啦操创意展示大会,荣获了最佳风采奖。

为了在中小学更好地推广健美操运动,促进与中学健美操教学同行的分享交流,施燕老师笔耕不辍。她秉持理论与实践有机融合的理念,突出创新性、实践性、可操作性、保健性等原则,将自己的健美操教学实践成果进行了较为全面、深入、系统的整理。所编撰的教材内容主要包括健美操运动概述、高中健美操基本技术、高中健美操身体素质训练、高中健美操套路、高中健美操专项化教学体系、高中健美操教学设计与实施、高中健美操创编、高中健美操赛事的组织与策划、高中健美操运动的医务监督等。该教材以高中生的身心发展特点为依据,以帮助高中教师提高健美操教学水平为目标,通过跟踪、借鉴国内外校园健美操发展的最新潮流,依据高中阶段教学的实际情况,总结有关中学生的一般身体素质和专项身体素质的训练方法,同时结合目前国内体育教学改革所倡导的先进教学体系,呈现出较为完整和全面的教学设计与实施步骤,相信可为高中阶段体育教师的健美操教学提供具有可操作性的示范和参考。

朱利荣
2025 年 3 月

目录

第一章　健美操运动概述 ········· 1
　第一节　健美操运动的起源与发展 ········· 1
　第二节　健美操运动的分类与特点 ········· 8
　第三节　健美操运动的价值与功能 ········· 14

第二章　高中健美操基本技术 ········· 19
　第一节　健美操基本身体姿态 ········· 19
　第二节　健美操身体各部位基础动作 ········· 23
　第三节　健美操上肢基本动作 ········· 24
　第四节　健美操基本步伐 ········· 26

第三章　高中健美操身体素质训练 ········· 32
　第一节　一般身体训练 ········· 32
　第二节　专项身体素质练习 ········· 52
　第三节　高中健美操身体练习的注意事项 ········· 67

第四章　高中健美操套路 ········· 70
　第一节　徒手健美操 ········· 70
　第二节　轻器械健美操 ········· 82

第五章　高中健美操专项化教学体系 …… 92
第一节　教学目标 …… 92
第二节　教学内容 …… 95
第三节　教学方法 …… 102
第四节　教学组织 …… 116
第五节　教学评价 …… 128

第六章　高中健美操教学设计与实施 …… 140
第一节　大单元教学设计 …… 140
第二节　课的教学设计 …… 144
第三节　课时计划 …… 146

第七章　高中健美操的创编 …… 153
第一节　高中健美操创编原则 …… 153
第二节　高中健美操创编元素 …… 159
第三节　高中健美操创编步骤 …… 162
第四节　高中健美操创编方法 …… 164

第八章　高中健美操赛事的组织与策划 …… 168
第一节　健美操竞赛种类与内容 …… 168
第二节　高中健美操赛事的组织 …… 169
第三节　高中健美操赛事的策划 …… 171
第四节　高中健美操赛事的评价 …… 175

第九章　高中健美操运动的医务监督 …… 189
第一节　运动负荷的评估与监控 …… 189
第二节　常见运动损伤与病症处理 …… 193

附录　健美操运动的常用术语介绍 …… 203

参考文献 …… 208

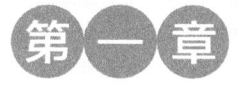

健美操运动概述

第一节 健美操运动的起源与发展

一、健美操运动的起源

二战之后,世界工业和贸易的快速发展达到了前所未有的高度。机械化生产的出现、工业科技的不断发展等多项意义深刻的技术突破,在带来高度物质文明发展的同时,也带给人们许多新的问题。比如物质生活水平的极大提升,引发并加剧了人类身体上的一些特定疾病,诸如心血管疾病、癌症、慢性肺炎,等等;而在心理方面,长时间承受社会激烈竞争的巨大压力以及伴随生活节奏的不断加快,使人们的精神变得十分脆弱并导致不可逆的严重后果。于是,人们开始迫切寻找缓解自身压力和改善身体健康状况的方法,健美操运动的产生与发展便是其中之一。

(一)国外健美操运动的起源

20世纪70年代,在美国太空总署诞生了一项新的运动项目——健美操。医学博士库伯尔(Cooper)为了满足太空人对完成太空任务所必需的身体素质的要求,在设计一系列体能训练动作的同时,加入了音乐伴奏、锻炼器材和服装等多种元素,并对其加以整合,由此逐步形成了具有独特体系的新兴运动项目——健美操。随着健身热的影响不断扩大,健美操逐渐风靡全球,其受众人群遍布全世界。

美国是对世界健美操影响最大的国家,而简·方达作为美国影视明星编写的《简·方达健美操》一书,让她很快成为现代健美操运动的主要领头人。这本书详细介绍了简·方达长期积累的关于健美操的心得与丰富经验,自1981年在美国出版以来,一直保持着旺盛的销售势头,被翻译成20多种语言,在全球超过30个国家和地区广受欢迎。简·方达及其著作无疑成为促使健美操运动在世界范围推广的引擎,对健美操运动的流行与持续发展起到了巨大的推动作用。

健美操运动自20世纪七八十年代兴起以来,其强大的影响力已迅速蔓延至全球。不仅是欧洲、美洲等发达国家蓬勃开展健美操运动,越来越多的发展中国家也陆续关注到这项运动,并在全国范围内进行不同程度的推广和传播,众多相关衍生产品也随之出现。在各类健美操俱乐部、健美操训练中心、健美操比赛等的不断推动下,健美操运动逐渐成为深受不同人群喜爱的健身方式,由此形成了世界范围的"健美操热"。

(二)国内健美操运动的兴起

早在20世纪30年代,由著名体育教育家马约翰等编写的《女子健美体操集》《男子健美体操集》就已在国内流传。但限于当时的社会环境和经济条件,此二书主要在学术界内部进行交流与探讨,书中所介绍的运动仍处于初期阶段,并未广泛流行;且当时的名称叫"健美体操",其内容也与后来的健美操有所区别。改革开放之后,1982年2月,中国青年出版社出版了《美,怎样才算美》一书,书中收录了陈德星设计的"女青年健美操"和牛乾元设计的"男青年哑铃健美操"。此后,"健美操"这一概念在体育界迅速传播,人们开始追求身体的健康与美丽。

健美操运动的兴起并非偶然,这不仅是因为它自身能够给人们的肌体状况和精神状态带来极大的改善,更是受到当时国际和国内社会环境的影响。

首先是生产与生活方式的变革为健美操的兴起奠定了社会基础。随着工业与科技的大发展,人类的生产与生活方式开始步入智能化时代。在这个时代,原本依赖人力的许多工作逐渐被机械所取代。然而,尽管这种转变使得人类的生产劳动变得更加轻松和自由,但它带来的并不完全是积极的影响。由于"文明病"的出现及其患病率的不断攀升,人们开始更加关注自身的健康状况,鉴于此,健美操运动就成了锻炼身体、增强体质的较好选择;同时在全球化浪潮的影响下,社会结构转型与经济转轨也改变了人们的生活方式,人们不再只关注"生存与发展",而是将更多的目光转向"享受"生活,物质生活质量质的提升让人们有更多的精力和金钱去管理身材和满足精神需求,从而使健美操运动在不断发展的社会文明中渐渐占有一席之地。

其次,国外的"健美操热"促进了国内健美操的兴盛。随着国外大众体育的蓬勃发展,健美操作为一种运动形式,在发达国家中备受追捧。健美操运动日益受到全球民众的青睐,形成了一股全球性的健身热潮。在亚太区域,包括中国、日本、菲律宾、新加坡等国家和地区,也涌现出大量的健美活动中心与俱乐部,纷纷加入这一世界性的健美操潮流,共同推动其普及与发展。其时适逢我国改革开放之初,各行各业的国际交流逐步开展,健美操运动随之传入我国。

同时,女性对于"美体"的重视为健美操的兴起注入了生命活力。在我国大众健美操领域,健身性并不是其兴起的主要理由,而是主要取决于"美体"的功能。自古以来,人类一直崇尚和追求着人体的自然美和艺术美。进入 20 世纪后半叶以来,人们对于人体美的追求变得更加大众化和生活化。随着思想的开放和审美意识的不断觉醒,各国女性日益重视外在形体美,自身形体成为青年女性日常关注的焦点。同时,学校体育和大众传媒的迅速响应也为健美操的传播创造了有利条件。20 世纪 80 年代中期,我国将健美操纳入本科体育教育,使其在高校中广泛流行。随着大学生步入社会,健美操的影响力逐渐扩大,吸引了众多社会人士参与,从而形成了庞大的参与群体,为健美操的发展壮大了力量。

最后,资本的参与为健美操在社会上的传播开辟了新的道路。要使一项体育运动在社会上广泛传播,必须解决资金支持、组织管理、场地设施运营以及技术服务等一系列难题。受国际大众体育成功运营模式的启发,部分经济实体选择以健身俱乐部或健身中心为载体进军健美操行业。他们通过市场化的经营策略和商业化的运作方式,有效解决了健美操推广中的资金难题,为大众健美操的蓬勃发展提供了坚实的支撑。

二、健美操运动的发展

(一)国际健美操运动的发展:国际组织及规则

1. 健美操组织的发展

国际体操联合会(FIG)最初成立于1881年,当时名为欧洲体操联合会(FEG),总部设在比利时的安特卫普,后迁往瑞士利斯。起初,该组织仅有3个成员方,包括比利时、荷兰和法国。经过发展,1921年更名为国际体操联合会,至今已有125个会员协会。自1994年起,健美操正式成为国际体操联合会(FIG)的比赛项目,并自1995年开始,FIG每年都会举办世界健美操锦标赛。随后,随着国际技巧联合会和蹦床联合会的融入,FIG的项目类别得以扩展,涵盖了体操、艺术体操、健美操、蹦床、技巧及大众体操六大领域。中国体操协会于1956年加入该会,1964年一度退出,1978年恢复。

1980年,国际健美操冠军联合会(ANAC)在美国加利福尼亚州洛杉矶市成立,作为一个国际会员制机构,负责管理和组织世界范围内的健美操活动、事务和赛事,每年举办世界健美操冠军赛。

1982年,国际健身协会(IDEA)在美国成立。作为国际性的健身组织之一,目前该组织已有来自80多个国家和地区的约23 000名会员。其每年举办的"IDEA健身大会"吸引了大量专业人士,为健身专家提供最新的健身信息和继续教育机会。同时,IDEA平台为多个国际知名的证书机构提供了继续教育体系规划、内容制作及平台管理,因其独特的一站式学习特色,成为全球专业教练首选的学习平台。

1983年,国际健美操联合会(IAF)在日本成立,拥有20多个会员方,每年举办健美操世界赛。1985年,国际健美操与健身联合会(FISAF)在捷克成立,其会员方扩展至40多个,遍布全球各大洲,具有显著的国际影响力。该组织致力于推动健美操与有氧健身产业的管理与发展,加强成员方之间的友好合作,支持各分会组织的活动,并进行健美操与有氧健身的科研与课程研发,培训教练员和裁判员,同时每年举办世界锦标赛。

截至目前,国际上已产生许多与健美操有关的组织,上述介绍的是其中具有一定影响力和代表性的国际健美操组织,它们对于健身和健美操运动的发展都起到了至关重要的推动作用,在普及健身运动以及提升健美操技术水准方面,其贡献是极其显著且难以忽视的。国际体操联合会(FIG)作为首个创立的国际单项体育组织,历经百余年发展,成功地将体操运动打造成为奥运会的重要支柱之一,赢得了全球亿万民众的热爱;同时有力促进了世界体操运动的创新与发展,在弘扬体操文化、使其深入人心等方面作出了不懈的努力,为全球体操运动参与者打造了一个有尊严且安全的训练竞赛环境。

2. 健美操规则的发展

随着健美操赛事的发展以及国际交流的增多,国际体操联合会(FIG)于1995年12月颁布了第一部竞技健美操竞赛规则,即FIG1994—1996版,尔后以4年为1个周期,先后发布了FIG1997—2000版规则、FIG2001—2004版规则、FIG2005—2008版规则、FIG2009—2012版规则、FIG2013—2016版规则、FIG2017—2020版规则、FIG2022—2024版规则;每次新规则的修订,都是对竞技健美操运动发展的一次考验。规则对比赛项目的发展和训练起着重要的导向作用,深入理解和分析国际规则及其变化,有助于我们把握项目发展的核心规律,从而以更加科学的方法指导训练和教学实践。

FIG1994—1996版规则作为最早一部被公认并被广泛使用的规则,要求成套动作时间为 1 min 50 s~2 min 10 s,而且取消了之前规定必须完成的4次仰卧起坐、俯卧撑和大踢腿转,而使用两个8拍的规定组合动作来进行代替;另外在难度方面要求难度动作不少于16个,规定16个最高难度分数之和为最终分数;此外还有4.0分是对艺术体现的鼓励分。六大难度组别依次是静力性力量、动力性力量、柔韧、平衡、踢腿、跳跃。

FIG1997—2000版规则在原有规则基础上增加了77个新难度动作,为参赛者提供了更多的选择性,计分规则变化为计算12个最先完成的难度之和,并且取消了组合性动作和对称动作;为了避免成套动作难度堆积以更好地体现艺术价值,对动作数量进行了限制;在艺术性方面增加了1.0分的创造分,要求成套动作中不得出现重复,将原先8拍组合的规定动作训练变更为操作化动作训练、自选难度动作训练、艺术表现力训练。同时缩短了整套动作时间和对裁判任务的精确分割,强调公平化、独立化。

FIG2001—2004版规则增设了6人集体项目,成套动作数量变更为12个,不再采取计算其中12个最高动作难度的打分方式,反而规定多一个难度动作还要被扣除1.0分;难度级别从0.1—0.7共7个级别变为0.1—1.0共10个级别,难度动作总数也从204个增加至336个;难度动作组别重新作了划分,将原有6个组别进行缩减,变成静力性力量、动力性力量、跳与跃、柔韧与变化4个组别;艺术评分方面,取消了创造性的格外加分,变为在10.0分中规定创造分2.0分的占比;动作完成的要求更加严格,对裁判员的数量和座位排列也进行了调整,人数由12人增加至14人。

FIG2005—2008版规则首次提出"难度组合"这个新概念并给出了价值连接,它指的是任意2个同组别或不同组别但必须是不同根命名的难度的直接连接。国际体联还更改了难度动作的难度根,并进行了明确的分类和调整,而在组别方面对难度动作的类别重新进行划分;在分值方面,部分难度动作分值上升或下降,尤其是在比赛中使用频率特别高的动作,分值大多出现了降低,意在鼓励运动员向更难、更美、更具有艺术观赏性方面发展;其他方面,降低了不正确着装的扣分,以减缓运动员心理压力;此外取消男女队员难度系数的差异,强调一视同仁,使竞争更趋向公平化。

FIG2009—2012版规则在艺术评分方面将五大框架改为三大块,分别是成套动作、成套内容、表现力与音乐的使用;比赛场地也发生了变化,混双和3人项目,场地均从7米×7米变为10米×10米,场地的扩大带动成套动作的多样性和艺术欣赏性;编排内容和要求以及难度分值产生变化,以加强运动员之间的协作精神,使竞技健美项目朝着更完善、更全面的方向发展;对裁判组的职责也进行了进一步的深化和详尽的描述,以提升其合理解决和处理突发情况的能力。

FIG2013—2016版规则在艺术评分方面进行了重要更新,引入了5个维度共15个具体的评分点,相较于之前的版本,评分方式更为量化和精确,有助于实现更为客观的评判。在动作审核方面,规则首次明确了根命组、技巧动作以及违例动作的基本定义,并设定了相应的限制,以确保比赛的公平性和规范性。在难度系数调整方面,全男子项目采用2.0的系数,女子项目则采用1.8的系数,这一调整旨在平衡男女运动员在比赛中的比例和竞争力。此外,场地规格也有所变动,成人组项目统一为10米×10米的场地,而6人集体项目则减少至5人,并新增了有氧舞蹈和有氧踏板两个项目,为比赛增添了更多元化的元素。

FIG2017—2020版规则在评分结构方面,总分是由难度总分除以系数2.0加上最终艺术分、最终完成分、最终托举得分构成;时间方面,成套动作减少10 s,要求在更短的时间内进行高质量的表现;艺术评分方面,操化内容和主体内容细化了评分标准,难度和技巧动作、成套内容、一致性完成的减分均发生变化;难度方面,难度数量和难度组别都作了减少和变动。

FIG2022—2024版规则在艺术评分方面,分为创编和表演两大部分,其中创编最高分为6分,表演最高为4分;音乐时长方面,5项成套动作时间增加5 s,男、女单项目时长不变;难度动作方面,将其简要分类后变为3组别,根命组从23个减少为8个;在完成质量方面,对所有难度动作的最低完成标准有所降低,以利于提高运动员的成套完成质量。

(二) 国内健美操运动的发展

自20世纪80年代健美操传入我国后,便迅速在国内获得了广泛的推广和喜爱。尤其在1982年《美,怎样才算美》一书出版之后,这一运动形式迅速吸引了大量运动爱好者的参与,为我国的健美操事业注入了强大的活力。

在健美操广泛普及的背景下,1984年,北京体育学院特别设立了健美操研究小组,该研究小组匠心独运地创作了包括"青春旋律操"在内的6套健美操作品。这些精心设计的健美操迅速在高校中流行开来,受到大学生们的热烈追捧。两年后的1986年,北京体育学院更进一步,编写了我国首部健美操教材——《健美操》(试用版),并正式在本科生中开设了健美操选修课程。这不仅标志着健美操在我国体育教育体系中得到了正式认可,而且也为其进一步的推广和深化奠定了基础。

自此之后,众多高等院校纷纷将健美操纳入体育教学大纲,使其在青年群体中得到了更为广泛的传播和推广,健美操的社会影响力也随之大幅提升。1986年,广州成功举办了首届"全国女子健美操邀请赛",涵盖了集体与个人两大竞技领域。与此同时,北京康华健美康复研究所也积极行动,主办了全国首届"康康杯"儿童健美操友谊赛;另外北京市于1987年1月也举办了"北京市首届青年韵律操比赛"。这些精彩纷呈的活动不仅丰富了我国的体育文化,更在无形中推动了健美操在我国的广泛传播与深入发展。

1987年,中国首个健美操健身中心"利生健康城"正式成立,迅速获得健身爱好者的青睐。紧接着,北京、上海、广州等城市也陆续开设了多家健美操俱乐部。同年5月,我国首届竞技健美操比赛在北京盛大开幕,这场比赛不仅参考了美国阿洛别克健美操的比赛项目,还融入了中国的健美操特色,设立了5个竞赛项目。随后,健美操赛事如雨后春笋般涌现,如同年上海的"达尔美杯"群众自编健美操电视比赛,以及1988年的"长城杯"国际健美操邀请赛等,均体现了健美操在中国的蓬勃发展。这些比赛汇集了来自中国、日本、美国等国家和地区的30余名运动员,有力推动了健美操运动在我国的发展迈上新台阶。

1992年,中国健美操协会在北京正式成立,并成功成为中华全国体育总会的团体会员。此后,全国各行业纷纷成立相关组织,并积极开展健美操赛事活动。1995年,中国健美操协会推出健美操运动员等级制度,进一步规范了运动员的评定标准。1996年,我国健美操领域实现了竞赛规则的全国统一,并持续举办健美操裁判员、教练员培训班以及全国健美操锦标赛,为健美操运动的持续进步奠定了坚实基础。随后,在1997年国家体育总局的机构调整中,中国健美操协会被纳入国家体育总局体操运动管理中心的管理之下,进一步规范并推动了健美操运动的稳健发展。1999年,我国正式采纳了FIG1997—2020版国际规则,因此自2001年后的竞赛项目,即与国际体操联合会的标准完全接轨,这标志着我国健美操运动正式融入国际大家庭。

从上述发展历程中可以看出,自改革开放以后,我国积极引入健美操运动项目并不断推出相关政策和规章、创立相关组织,在推广与发展这项运动方面,也将目光聚焦于正值青春的青年人,一系列举措逐步将健美操运动在我国推向新的高度,并促使我国的健美操运动得到良好的国际交流,与发达国家的健美操运动接轨。

第二节　健美操运动的分类与特点

一、健美操运动的分类

健美操作为一项独立的运动,起源于20世纪60年代末,并随着其快速发展,展现出多样化的面貌。基于不同的目的和任务,健美操可划分为健身健美操、竞技健美操和表演健美操三种类型。

(一) 健身健美操

健身健美操,也被称为大众健美操,其核心目标是"锻炼身体,保持健康"。它融合了健身、健心、娱乐和防病等多种元素,成为一项广受欢迎的群众性健身运动。其动作设计简易实用,音乐节奏相对缓慢,且动作多重复,以确保足够的运动负荷和锻炼的全面性。这些动作通常呈现对称的形式。在练习时,人们可以根据自身的实际情况调整练习时间和动作幅度,但始终需要遵循"健康、安全"的原则,避免运动损伤,从而在保障安全的前提下实现锻炼身体的目标。

从练习形式看,健身健美操还可以进一步细分为徒手健美操、轻器械健美操和特殊场地健美操三类,具体见下表(表1.1)。

表1.1 健身健美操的分类

徒手健美操	轻器械健美操	特殊场地健美操
传统有氧健美操	踏板操	水中健美操
形体健美操	哑铃操	功率自行车操
爵士健美操	花球操	联合器械操
搏击健美操	皮筋操	垫上健美操
拉丁健美操	健身球操	
瑜伽健美操		

徒手健美操涵盖了传统与多元风格的练习形式。传统健美操旨在增强心肺功能和有氧代谢能力,至今仍广受欢迎。随着社会的发展和生活品质的提升,人们开始追求更为多样化的健身方式。因此,近年来,各种新兴的徒手健美操逐渐崭露头角。例如,搏击操因其在增强肌肉力量、弹性和身体柔韧性方面的显著效果,特别在腰腹锻炼上独具特色而广受欢迎。爵士健

美操作为一种增氧运动，注重关节活动，不仅能强化心肺功能、促进血液循环，还有助于减少脂肪、塑造苗条身材，正逐渐融入中学体育教学之中。此外，拉丁健美操则是拉丁舞与健美操的完美结合，具有独特的拉丁风格，同样受到大众的喜爱。特别是拉丁健美操的音乐动感十足、热情奔放，既能够达到健身效果，具有一定的美体功能，又能够充分展示舞者的魅力，这种具有浓郁异国情调的舞蹈深受广大学生的喜爱。以上这些不同风格的健美操满足了不同人群的健身需求，丰富了健身运动的形式。

轻器械健美操是一种以力量练习为核心的有氧运动，主要借助轻器械进行锻炼。这种锻炼方式旨在塑造健美的肌肉线条，强化肌肉力量，并防止肌体功能衰退，进而延缓衰老过程，确保人们拥有强健的体魄。其特点在于可以运用多种可移动的轻器械，不仅显著提升了健身效果，更为健美操的练习带来了多样化的形式。

踏板健美操通过调整踏板高度，增加了腿部运动负荷，使得动作编排更加多样化，运动量也随之提升。哑铃操、健身球操和皮筋操等，能全面锻炼多个肌肉群，尤其针对深层、小肌肉群及力量薄弱部位进行锻炼，有效补充了徒手健美操的不足。

特殊场地健美操在国外备受推崇，但国内尚待普及。水中健美操作为新兴健身方式，结合水的特性，在音乐伴奏下达到锻炼与放松的双重效果。利用水的阻力，水中健美操不仅可以塑造完美体形，还能调节人体姿态、改善脊柱弯曲，使身体更具流线性，从而提高整体机能。

另外，功率自行车操，也就是动感单车运动，通过结合动感音乐、适中的阻力、可控的节奏和变换的灯光，为健身爱好者提供了一种新颖而富有挑战性的锻炼方式，深受青少年的喜爱。

随着社会经济的持续发展，体育教育逐渐改变了原先以田径为主要项目的教学方式，增加了其他课程，如体操类运动、足球运动、篮球运动等，并已取得了良好的教学成效。健美操是一项有氧运动，它的节奏和动作体现了其独特性，在体育教学中具有一定的教学价值。学校应该完善体育设施和教学用具，重视健美操运动在体育课程中的延展，将健美操运动和体育课程融合起来，以此提高体育课程的整体教学质效。作为一种特殊运动形式，健美操是体育运动的一部分，其群众基础深广；健美操教学具有体育学价值、运动学价值、心理学价值、美学价值及生理学价值,这些价值在全民健身事业的发展中已经得到充分体现。

(二)竞技健美操

竞技健美操是一项以音乐为伴的运动,它通过连续、复杂且高强度的成套动作来展现运动员的竞技能力。这项运动源于传统的有氧运动,强调动作的连贯性和多样性,以展现运动员的柔韧性和力量。

在竞技健美操中,运动员需要展现出富有活力和创造性的动作设计,流畅地过渡各种动作,确保动作的姿态标准、外形清晰,且能够体现出不同空间(空中、站立、地面)的均衡性。竞技健美操的成套动作包括 4 类难度动作,分别是俯卧撑、倒地、旋腿与分切,支撑与水平,跳与跃,以及平衡与柔韧。运动员还需展示 7 种健美操步伐,如提膝跳、踏步、弹踢腿跳等。这些动作组合要求多样化,从基本步伐到复杂组合形式,均需展现出高水准的身体协调能力。

在竞技健美操的训练中,间歇训练是一种重要方法,它依赖有氧和无氧机制来提高运动员的短期耐力。通过这种训练方式,运动员能够更好地适应高强度的成套动作、提高竞技能力,从而能在比赛中取得优异的成绩。和健身健美操不同的是,竞技健美操属于竞赛项目,能够给观众一种激情四射、活力奔放的感觉。

(三)表演健美操

表演健美操是专为表演而设计的预先编排的成套健美操,其核心目标是"表演"。其音乐节奏会根据表演需求有所不同,快慢皆可,且动作设计避免过多重复,以保持表演的新鲜感和吸引力。其表演形式灵活多变,可以单人或多人进行,还可融入各种风格的舞蹈元素,如街舞、爵士舞等,以提升表演气氛、增强表演效果。此外,表演中还可以加入队形和层次的变化,这需要参与者具备一定的团队协作和配合能力。

同时,表演健美操具有强烈的社会性特征。它很好地吸收了现代舞、艺术体操以及爵士舞等相关领域的部分动作,在此基础上,处理相关技术动作和创编原则。表演性健美操的动作比较简洁,易于学习,并且它也比较活泼，变化较大，造型非常美观，极具弹性；它还可以借助包括现代舞、迪斯科以及爵士舞等不同音乐来衬托，经过巧妙编排，所形成的画面显得活泼、生动。此外，表演健美操也展现出表演者的刚强、自信以及健美，凸显出表演者自身的青春活力，令观者赏心悦目，具有浓厚的表演性特色。

二、健美操运动的特点

（一）强烈时代感与运动节律性

健美操巧妙结合了基本体操步伐、现代舞和节奏感强烈的音乐。它采用了富有现代感的舞蹈动作，并经常使用流行的、节奏感强的DJ音乐作为配乐；这种音乐旋律明快、气氛活泼，能激发人们的运动欲望。新式健美操的音乐特色、动作风格及类型与表演者的表现紧密结合，高质量的音效确保了音乐与表演者的动作完美同步。当动作与风格相符的音乐融合时，动作会更具活力和感染力，从而充分展现其内在意义。与此同时，动作与音乐的强烈节奏感和韵律感能充分刺激人们的听觉和视觉，极大地引起人们的情感共鸣。

（二）健身美体的实效性与科学性

健美操是建立在人体解剖学、生理学、体育美学和心理学等多学科理论基础上的健身运动，旨在实现健身美体的目标。与其他体育项目相比，健美操更注重体态的健美与大方，强调动作的力度和弹性。通过连续不停顿的走、跑、跳动作，帮助练习者消耗多余脂肪，增强肌肉力量，提升身体的协调性和灵敏性，从而塑造健美的体态。在过去，旧式健美操的一些步伐动作弹度不够，不完全的身体动作向膝、踝关节施加了过多压力，容易造成练习者肌体损伤，内心的情绪也会因此出现波动。而新式健美操对动作的科学化、规范化进行了大量深入研究，避免了不科学动作带来的危害。近几年发展起来的健美操更注重身体柔韧性的拉伸练习，大大减少了运动伤害的发生。调查显示，单纯高冲击力的练习由于容易引起损伤已不再流行，取而代之的是根据人体运动时血液和气体交换的规律而编排的、科学合理的健美操课程，使练习者在感觉不到累的状态下增强身体素质，提高各项生理指标，从而达到健身、健美的目的；这表明新式健美操课程的编排更加科学合理。

(三)高度艺术性与广泛适用性

健美操融艺术体操及舞蹈于一体,具有高度的艺术性,加之配有轻松活泼、节奏感强的音乐,会使练习者感到精力充沛、心情舒畅而有朝气;无论是儿童还是青少年,甚至老年人都可以参加,并能从中获益。具有"健、力、美"艺术性特色的竞技健美操,要求运动员展现出优质、优美且充满活力的运动技能。在比赛中,他们需呈现健美的身材、精湛的技术、流畅的编排以及充足的体力,以彰显其热情、活力、魅力、情感和独特气质,体现出健美操运动的高度艺术性。同时,健美操练习形式丰富多样,人数、时间、运动量以及运动场地均可自行调节,对于各个年龄阶段、不同性别、不同身体素质、不同技术水平的人群都相当友好,有利于爱好者选择适合自身的运动方式,在运动过程中收获属于自己的那一份快乐。

(四)较强观赏性与娱乐性

健美操本身就具备一定的观赏性,多种舞蹈动作与强而有力的音乐伴奏相结合,配合协调的肢体和挺拔自信的体魄产生强烈的视觉效果,给人带来赏心悦目的感受。根据表演者本身特点和大众普遍审美自由编排的健美操成套动作,容易让观众对表演者优美的肢体动作留下深刻印象;节奏鲜明的伴奏也会使观众感同身受,产生共鸣。同时,表演者在欢快美妙的音乐伴奏下活动筋骨,既锻炼了身体,又愉悦了身心,提升了人们的生活乐趣,在参加健美操运动的过程中享受到快乐。

(五)编排的针对性与创新性

健美操的编排与参与者的性别、年龄、职业和身体状况紧密结合,充分考虑到身体各关节、肌肉的功能以及心率、有氧代谢以及形体塑造等诸多因素,从而设计出具有针对性的成套动作。同时,编排也注重动作的多样性,从街舞、爵士舞、拉丁舞等运动项目和艺术门类中汲取灵感,将其融入健美操中。这种持续的创新及特色,是健美操运动不断发展和吸引人的关键所在。

(六)动作的高难度与高体能

在节奏感强烈的音乐伴奏下,健美操运动对表演者的能力提出了高要

求。表演者不仅需要能够完成一系列复杂且高强度的动作,还要以成套的形式展现连续的动作组合、柔韧性、力量与基本步伐,同时完美执行难度动作。规则对成套动作的编排、完成度以及难度动作的数量都有严格要求。因此,运动员必须具备出色的体能和素质,才能轻松驾驭高难度动作,展现出欢快、愉悦的状态,并在比赛中发挥出潇洒、自信的技术水平,最终实现"健、力、美"的完美统一。

第三节　健美操运动的价值与功能

一、健美操运动的价值

(一) 文化价值

文化融合了自然现象与人类活动,涵盖了物质与非物质的所有创造。体育文化作为体育运动领域的社会文化分支,涵盖了体育认识、价值、道德等多个方面。健美操运动的文化价值不仅源于其高度的艺术性,更在于大众健美操既满足了人们对运动的需求,同时其独特的魅力也吸引了众多健美运动爱好者。大众健美操遵循人体运动规律,以其独特的运动风格和内容,可实现美育文化价值。

(二) 经济价值

健美操在社会上的传播与发展需要资金支持,但同时也为体育市场和产业带来了经济价值。作为健身市场的重要组成部分,健美操运动推动了国家经济发展,满足了人们参与健身美体体育活动的需求。体育运动的市场化趋势吸引了投资者的目光,而健美操运动的火热发展也进一步吸引了资金进入体育产业,有其广阔的发展前景。随着我国市场经济的持续繁荣和体育产业的壮大,健美操运动市场不仅关注客户需求,还充分考虑消费者的实际消费能力及效果,从而进一步拓宽了市场。此外,由于健美操有着广泛适应性的特点,对运动条件要求低,场地设施不受限制,动作形式组合效果明显,使它成为健身市场的主力军,具有非常可观的直接经济价值。

(三) 健身价值

现代社会中,人们对健身的需求日益旺盛,健美操运动经过长期发展,已逐渐融入人们的日常生活,并受到大众的喜爱,成为备受欢迎的健身方式之一。对于上班族来说,大多数人每天需要完成庞大的工作量,而长期处于久坐状态,身体很容易出现不良状况,各种慢性疾病的罹患率不断上升;对于初学者来说,健美操较容易上手,可以在经过一段时间的坚持锻炼后明显改善身体状况。健美操作为有氧运动,有助于提升心血管机能,增大心脏体积,增加摄氧量,优化新陈代谢,减少脂肪,延缓血管老化。同时,它对提高身体柔韧性、平衡性、协调性和灵敏性也十分有效。

(四) 心理价值

做健美操运动时,伴随着音乐,可营造出轻松活泼的氛围。在整洁美好的环境中锻炼,不仅令人心情愉悦,还符合运动生理规律,可以更有效地达到健身效果。不同节奏、强度和运动量的健美操,既能激发生活热情、提升学习能力、增强自信、缓解压力,也能放松身心,提升精神生活质量。从心理学角度看,健美操文化的产生与发展,满足了社会的需要,是现代化社会发展的必然产物。

(五) 美学价值

健美操的创作融合了体育、美学等多学科的理论精髓,不仅展现了塑造人体美的功能,更蕴含了静态与动态的美。练习者通过展示匀称的骨骼、丰满的体态、健康的肤色、优美的线条以及刚健有力的肌肉和协调灵巧的肢体动作,将个性品质热情奔放地表现出来,使观赏者不仅在视觉上感受到自然美的愉悦,更能深刻领会健美操所蕴含的静态美学内涵。在健美操表演中,运动员不断变换动作和姿态,每一个瞬间的动作都构成了一幅美丽的画面,这些画面连贯起来,为观众呈现出一幅幅饱含动态美的画卷,激发他们愉悦的审美情感。此外,团体健美操的表演更是精彩纷呈,群体的默契配合、队形的巧妙变化,再配以动人心弦的音乐,共同绘制出一幅幅刚健、优美且丰富多彩的动态画面。

二、健美操运动的功能

(一) 健身功能

在众多体育运动项目中,健美操以其"人为性"特点脱颖而出。其运动形式是人们根据各种需求而创造性地编排动作进行练习,旨在锻炼身体各个部位的关节、肌肉和器官。通过健美操独特的运动方式和多样化的练习形式,练习者的肌肉力量以及柔韧性、协调性和持久性等身体机能均可得到显著的提升和改善。长期参与健美操锻炼,不仅能够消除多余脂肪、改善体态,还能促进心肌增厚、心腔容量增大,从而增强心脏功能。此外,健美操锻炼还能加深呼吸深度,增强呼吸系统的功能,确保在激烈运动时气体交换顺畅,进一步改善心肺功能。值得一提的是,健美操对髋部的全方位活动较多,这有助于刺激肠胃蠕动,促进营养物质的吸收和利用,进而增强对疾病的抵抗力。

(二) 健心功能

在现代社会快节奏的背景下,大多数人都承受着来自各方面的巨大压力,身心健康受到不同程度的损害;通过健美操锻炼,可以使人们得到精神上的放松,从而达到减压效果。健美操对于提升自我调控能力具有积极作用。定期参与健美操训练,有助于优化我们的神经系统,调整情绪,并强化心理调适能力,使人们能够持续保持乐观的心态,维持心理平衡,从而以充沛的精力和热情投入到日常生活和工作中去。此外,健美操还有助于增强个人的自信心。初学者可能一开始会感到胆怯,对音乐节奏感到陌生,但随着逐渐掌握一套或两套完整的健美操动作,并能够在观众面前自如地展示,其自信心会得到显著的提升。同时,健美操也有助于塑造健全的人格。健美操以其独特的吸引力激励练习者不断追求完美动作,有助于克服身体和心理上的障碍,从而磨炼和塑造个人品格。

最后,健美操还能改善人际关系。因为健美操往往需要人们聚在一起练习,共同的兴趣和爱好使得练习者之间更容易产生共鸣,增进了彼此之间的交流,使人际关系更加和谐深入。

（三）教育功能

自健美操在国外兴起并传入我国，社会上各类人群都纷纷采用这一运动方式锻炼身体，而我国的体育教育也将其纳入教材中。健美操运动不仅具有强身健体、愉悦身心的作用，对学生也有着非常重要的教育意义。健美操能够培养学生的创新实践能力——在自编健美操教学中，可以打破教师单向示范的教学模式，让学生集思广益，共同寻找运动题材并创编舞蹈动作，组织集体性的训练和表演，有助于学生创新实践能力的培养。健美操能够促进学生个性素质与情感的发展——通过健美操课程的教学与训练，可以让更多的学生参与到集体性的户外活动中，尤其是在大方、魅力、阳光的健身氛围下，学生可以更加充分地感受生命活力与青春气息，在相互协作与配合中增进彼此之间的情感。健美操能够增强学生的自信心和社会适应能力——很多学生在困难面前缺乏战胜困难的自信心，无法对个人的社会适应能力、竞争能力作出正确的判断；而通过健美操教学可以让学生的形体更加匀称、心理状态更加积极，这样，学习与生活情绪才会日渐高涨，学生的自信心也会得到逐步的提升。健美操能够帮助学生树立终身体育意识——健美操运动强调健身、健心和健康目标的统一，其学习价值和训练价值非常具有实效性，再加上很多健美操动作比较简单，对训练场地也没有过多的要求，学生在课堂内外都可以进行学习和训练。同时，健美操运动过程相对活跃，有助于学生在短时间内树立起积极的运动情感，从而对学生终身体育意识的培养起到有效的促进作用。健美操能够锻炼学生的意志品质——健美操运动的表现力相对较弱，一个技术动作有时需要训练几十遍甚至上百遍，因而需要表演者承受比较大的训练量和训练负荷，学生在持续训练的过程中需要很大的毅力和恒心，因此也是战胜自我的过程，能够有效锻炼学生的意志品质。健美操能够提升学生的集体协作能力——健美操是一项集体运动，当学生实现集体性的运动目标时，能够在内心形成集体荣誉感和向心力，这对于培养学生的团队精神和集体协作能力也是非常有益的。

（四）美育功能

从专业视角来看，健美操追求的是人体的健康与美；而从审美价值观的角度来看，它则展现了深厚的艺术价值和审美价值。在实际练习中，健美操

不仅能帮助学生塑造优美的形体,更能触发他们心灵深处的共鸣。这种形体美作为自然美的一部分,是人体最直接的审美对象。健美操融合了力量、机体和气质,能够强健肌肉、塑造优美曲线、增强身体灵活性,从而提升个体的身体素质,为人们带来视觉上的愉悦享受。

此外,健美操还展现了运动之美。这种美体现在身体运动过程中,通过动作的交替和运动的旋律来呈现。灵活多变的肢体动作和流畅的运动轨迹,体现了动与静的完美结合,让观赏者能够感受到健美操所蕴含的内在心灵美与外在形体美的和谐统一,进一步凸显了其技巧和力量。

音乐美也是健美操的重要组成部分。健美操通常伴随着音乐进行,音乐与健美操密切关联,成为其灵魂所在。不同的音乐风格能够赋予健美操不同的特色,节奏明快、韵律动人的音乐与肢体动作相配合,呈现出独特的艺术魅力,不仅能够让观赏者感受到运动之美,还能达到陶冶情操的效果。

最后,健美操还有助于培养精神美。在健美操的训练过程中,学生不仅需要投入思想意识,还需在音乐的伴奏下展现优美的技术动作和肢体语言。这就要求学生不仅要有强烈的表现欲望,还要在运动中充分展现自己的活力与精气神,为观众呈现出积极、向上的精神风貌。

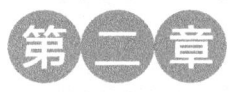

高中健美操基本技术

第一节 健美操基本身体姿态

一、基本姿态

(一) 身体姿态

身体姿态是健美操运动中不可或缺的一部分,它对于提高健美操动作质量、增强艺术表现力和塑造良好的个人形象都具有重要的意义。

1. 正确的身体姿态能够提高动作质量

在健美操运动中,每个动作都有其特定的要求和标准,正确的身体姿态能够确保动作的准确性和稳定性,从而使动作更加优美、流畅。

2. 良好的身体姿态能够增强艺术表现力

健美操是一种表现难美性的运动项目,要求练习者具备较高的艺术素养和表现能力。正确的身体姿态能够展现出练习者的气质和风采,使表演更具观赏性和感染力。

3. 身体姿态还与个人形象的塑造密切相关

稳定、优美的身体姿态能够展现出练习者的自信和优雅,对于塑造良好的个人形象具有积极的作用。

(二) 站立姿态

站立姿态是健美操最简单、最基本的身体姿态,也是动态动作的基础。稳定、优美的站立姿态能够为整个健美操表演增添不少分值,也能够让观众

感受到练习者的专业素养和良好的身体素质。它要求练习者保持身体平稳、挺拔、优美,具体来说应做到以下几方面:

1. 头部保持正直,呈自然放松状态,避免过于僵硬或过于松弛;下颌微收,双目平视前方,面带微笑。
2. 挺胸、收腹、提臀,使身体保持稳定。
3. 双肩放松并保持水平,避免耸肩或塌肩;双臂自然下垂,手指自然弯曲。
4. 双腿并拢,膝部和脚尖略微向前,使身体保持平衡。
5. 背部保持挺直,收腹,腹部肌肉保持紧张。
6. 从正面看,身体的轮廓线应呈一条直线。

在站立时,要注意保持身体的平衡和稳定,同时要注重肌肉的控制和呼吸的配合。呼吸要自然、均匀、有节奏,并要有意识地运用呼吸来帮助维持身体的平衡和优美。在练习健美操时,一定要注重站立姿态的训练,只有通过反复练习和体会,逐渐掌握站立的精髓,才能更好地掌握健美操的技巧。

(三) 坐姿

健美操中的坐姿同样也很重要。应保持上体挺直,双脚平放地面,双膝并拢或微微分开,双臂自然放松。良好的坐姿能防止不良体态的形成,也有助于提高身体的柔韧度和协调性。

(四) 走姿

在健美操中,走姿要求步伐稳健有弹性,轻盈而有活力。行进间要注意抬头、挺胸、收腹,行走路线尽量为直线,保持身体挺拔,双臂自然摆动。

(五) 跑姿

在健美操的跑步过程中,应保持上体适度前倾,头部正直,双肩放松,手臂自然摆动,步幅适中,落地轻柔。正确的跑姿有助于提高运动表现和防止运动损伤。

(六) 跳姿

跳姿是健美操中最具活力的动作之一。跳跃时要求身体保持直立,起跳有力而轻盈,落地时膝盖微屈,缓冲动作要到位。同时,要注意手臂的配合动作,使整个跳跃过程流畅、协调。

总之,正确的身体姿态是健美操运动的基本要求之一,它不仅能够提高动作质量、增强艺术表现力,还能够塑造良好的个人形象。因此,在练习健美操时,一定要注重身体姿态的练习并掌握要领,以达到更好的运动效果和艺术表现力。

二、基本手位

健美操当中啦啦操的基本手位动作充满创造性,其中"V"字形源于英文单词"victory",寓意胜利;"H"字形源于单词"hero",寓意英雄;"T"字形源于单词"team",寓意团队;"W"字形源于单词"win",寓意赢得;"A"字形源于单词"active",寓意积极的;"L"字形源于单词"light",寓意光明;"M"字形源于单词"majesty",寓意雄伟的;"R"字形源于单词"running",寓意奔跑;"K"字形源于单词"kind",寓意友好的。这些手位动作在肌肉运用上,特别注重发力和控制的结合。发力时要求短暂、迅速并带有制动;完成动作时,手臂肌肉需紧张,核心部位保持稳定,动作要迅速到位。力量需从大臂迅速传导至小臂,最终锁定在手腕,确保动作既干净利落又稳定有力。

(一) 上举类

1. 上 A:双臂斜上举,分别与脊柱形成 30°夹角,拳心相对。

2. 上 H:双臂前上举与肩同宽,分别与脊柱形成 30°夹角,拳心相对。

3. 上 L:一臂前上举,与脊柱形成 30°夹角,拳心朝内;另一臂侧平举,与肩形成 30°夹角,拳心朝下。

4. 上 V:双臂侧上举,分别与脊柱形成 45°夹角,但不能完全张开,应置于双耳斜前方 45°,拳心朝外。

5. 高 X:双臂交叉斜上举于额头前上方,分别与脊柱形成 30°夹角,拳心朝前。

6. X:双臂侧上举,头后平屈,肘关节朝外,两拳相对,拳心紧贴后脑勺。

(二) 下举类

1. 下 A:双臂斜下举,分别与脊柱形成 30°夹角,拳心紧贴相对。

2. 下 H:双臂前下举,分别与脊柱形成 30°夹角,拳心相对。

3. 下 L：一臂前下举,略低于肩,拳心朝内；另一臂侧平举,与肩形成 30°夹角,拳心朝下。

4. 下 V：双臂侧下举,分别与脊柱形成 45°夹角,且与肩形成 45°夹角,拳心朝下。

5. 低 X：双臂交叉斜下举,分别与脊柱形成 30°夹角,拳心朝下。

(三) 平举类

1. T：双臂侧平举,但不完全张开,分别与肩形成 30°夹角,拳心朝下。

2. 前 H(拳心相对)：双臂前平举,与肩同宽,双手握拳,拳心相对。

3. 前 H(拳心向下)：双臂前平举,与肩同宽,双手握拳,拳心向下。

4. 前 X：双臂交叉前平举,略低于肩,拳心朝下。

(四) 斜举类

1. K：一臂前上举,与脊柱形成 45°夹角,拳心朝内；另一臂前下举,与脊柱形成 45°夹角,拳心朝内,两拳拳眼相对。

2. 侧 K：手臂动作同 K,身体向一侧转动,成后腿弯曲弓步。

3. 斜线：一臂侧上举,与脊柱形成 45°夹角,拳心朝外；另一臂侧下举,与脊柱形成 45°夹角,拳心朝下,但双臂不能完全打开,略小于肩。

(五) 屈臂类

1. 上 M：双臂侧上举,肩上平屈,肘关节朝外,手腕向下屈,指尖触肩。

2. 下 M：双手握拳叉腰于髋部,双臂与肩形成 30°夹角,拳心朝后。

3. 后 M：双臂屈肘平行向身后伸展,双手握拳收于腰侧,拳心相对。

4. R：一臂斜下举,与脊柱形成 30°夹角,拳心朝下；另一臂侧上举,头后屈肘,肘关节朝外,拳心紧贴后脑勺。

5. W：双臂侧上举,肩上平屈,大小臂成 90°夹角,拳心相对。

6. 小 H：一臂前上举,与脊柱形成 30°夹角,拳心朝内；另一臂胸前平屈,肘关节朝下,拳心朝内。

7. 短 T：双臂侧平举,胸前平屈,小臂略低于肩,两拳相对,拳心朝下。

8. 屈臂 X：双臂屈肘交叉于胸前,拳心朝内。

9. 屈臂 H：双臂屈肘平行收于胸前，拳心相对。

10. 小弓箭：一臂侧平举，与肩形成 30°夹角，拳心朝下；另一臂胸前屈，肘关节朝下，拳心朝内。

11. 弓箭：一臂胸前平屈，肘关节朝外，小臂略低于肩；另一臂侧平举，与肩形成 30°夹角，拳心朝下。

12. 加油：双手握拳式胸前击掌，肘关节朝下，双拳略低于下颚。

13. 短剑：一手握拳叉腰，手臂与肩形成 30°夹角，拳心朝后；另一臂胸前屈，肘关节朝下，拳心朝内。

(六) 冲拳类

1. 斜上冲拳：一手握拳叉腰，手臂与肩形成 30°夹角，拳心朝后；另一臂斜上冲拳，与脊柱形成 30°夹角，拳心朝外。

2. 斜下冲拳：一手握拳叉腰，手臂与肩形成 30°夹角，拳心朝后；另一臂斜下举，与脊柱形成 30°夹角，拳心朝下。

3. 侧上冲拳：一手握拳叉腰，手臂与肩形成 30°夹角，拳心朝后；另一臂侧上举，与脊柱形成 45°夹角，拳心朝前。

4. 侧下冲拳：一手握拳叉腰，手臂与肩形成 30°夹角，拳心朝后；另一臂侧下举，与脊柱形成 45°夹角，拳心朝下。

5. 高冲拳：一臂前上举，与脊柱形成 30°夹角，拳心朝内；另一手握拳叉腰，手臂与肩形成 30°夹角，拳心朝后。

第二节　健美操身体各部位基础动作

健美操身体各部位基础动作包括肩部、胸部、背部、腰腹部等部位的基础动作。

一、常用肩部基本动作

1. 提沉肩：这个动作要求肩关节在垂直轴上进行上下移动。
2. 绕环：此动作涉及肩关节进行大于或等于 360°的圆周运动，可以是向前或向后。

二、常用胸部基本动作

胸部动作主要包括含胸与展胸,同时配合直臂或屈臂的内收和外展。

1. 含展胸:在含展胸的同时,屈臂进行内收和外展的动作。
2. 俯卧撑:根据个人实际能力,可以采用不同难度的俯撑姿势,如跪撑或并腿俯撑,同时配合臂的屈伸动作,屈臂时吸气,伸臂时呼气。

三、常用背部基本动作

背部动作主要涉及背阔肌和斜方肌的运动,通过肌肉的收缩,可以实现肩关节的外展、下沉,以及臂的屈伸和内收。

1. 外展:可以通过屈臂或直臂来完成外展。
2. 提肩、沉肩:通过两肩的用力,实现上提或下沉的动作。
3. 上举、下拉:两臂先上举,然后下拉至腰侧屈。

四、常用腰腹部基本动作

腰腹部肌肉由腹直肌、腹横肌和竖脊肌组成,常用的腰腹部动作包括仰卧抬上体、侧卧抬上体、站立体侧屈、站立转体等。

1. 仰卧抬上体:在仰卧姿势下,屈膝并将两脚与肩同宽,两手扶头后,通过腹肌的收缩使上体抬起,同时确保腰部始终与地面接触。
2. 侧卧抬上体:采取侧卧姿势,膝盖弯曲,双手置于头部后方,随后通过腹侧肌肉的收缩将上体抬起。
3. 站立体侧屈:两腿分开,以半蹲姿势,双手同样放在头部后方;接着,上体向一侧弯曲,然后恢复到初始状态。
4. 站立转体:保持站立姿势,两腿开立,左手扶腰,右手触摸左肩,随后上体向左转动,完成后恢复双臂侧平举姿势。

第三节 健美操上肢基本动作

健美操的上肢动作主要包括手臂的自然摆动、力量练习以及基本体操的徒手动作与舞蹈元素,旨在丰富健美操的动作内容。

一、常用手型

在健美操中,手型主要有掌、指和拳几种形式,其中掌的类型尤为多样。手型作为手臂动作的延伸与表达,有时为了突出某一特定的风格或主题,会适当增加特色手型的使用,使动作更为丰富多彩、生动活泼,从而更具吸引力。

1. 并掌

动作要领:五指伸直,相互并拢,使指间无缝隙或缝隙尽可能小。

2. 开掌

动作要领:五指用力张开,使五指尽量远离并在同一平面内,同时与掌面在一个平面内。

3. 立掌

动作要领:五指伸直,手掌用力上翘。

4. 花掌

动作要领:在保持开掌的状态下,将小指伸直并向掌心弯曲至最大程度;这一过程中,无名指会自然跟随小指一起弯曲。

5. 一指

动作要领:在握拳的基础上,伸直食指。

6. 剑指

动作要领:将无名指和小指弯曲,让拇指紧贴在这两指的第二指节上(从指根起),同时确保食指和中指并拢伸直。

7. 响指

动作要领:中指击打大拇指根部肌肉后产生震动,发出声音。

8. 拳

动作要领:四指屈,拇指第一关节扣压在食指与中指的第二关节处。

二、基本手臂动作

1. 举

动作要领:以肩关节为轴,手臂伸直抬起,手臂活动范围不超过180°,并且停在某个位置。

要求：完成动作时，路线清楚，动作到位，并且有力度感。

具体动作：上举、前举、侧举、前上举、前下举、下举、侧下举、侧上举。

2. 屈伸

动作要领：大臂固定，以手臂的肩关节为轴，肘关节由伸直到弯屈，或者由弯屈到伸直。伸臂时肱三头肌收缩，屈臂时肱二头肌收缩。

要求：在完成动作时关节要有弹性地屈伸。

具体动作：胸前平屈、胸前上屈、肩侧上屈、肩侧下屈、腰侧屈、头后屈。

3. 摆动

动作要领：双手握拳，屈肘进行前后摆动。

要求：屈肘的角度不可过大或者过小，约以60°为宜。向前摆动手臂的时候，肘关节不能超过躯干前面；向后时，手不能超过躯干。

具体动作：同时摆动或依次摆动。

4. 绕、绕环

动作要领：此乃以肩为轴的一种弧线运动；或者上臂固定，前臂以肘关节为轴做弧线运动。

要求：在完成动作的时候路线一定要清晰明确，开始和结束动作的位置也要明确。

具体动作：两臂或者单臂向内、外、前、后绕或绕环。

第四节　健美操基本步伐

健美操的基本步伐是该项目的重要特征之一，也是构成该项目的基本元素。通过灵活组合不同的步伐，可以形成丰富多样的动作。根据运动时对地面的冲击力大小，健美操的基本步伐可以分为三个主要类别：无冲击力步伐、低冲击力步伐和高冲击力步伐。

(一) 无冲击力步伐

1. 双腿类

(1) 弹动

动作要领：膝关节在屈伸过程中保持弹性，确保两脚始终与地面接触。

要点：膝关节应由弯曲状态逐渐恢复至微屈状态。

（2）半蹲

动作要领：两腿在控制下进行屈伸，两腿可以保持开立或并拢的状态。

要点：两腿之间的距离应略大于肩宽，同时膝关节不应超出脚尖。

（3）弓步

动作要领：两脚应前后分开站立，然后进行下蹲。

要点：在下蹲过程中，后腿的膝关节应向下，大腿与地面垂直，同时保持重心位于两腿之间。

（4）提踵

动作要领：两脚跟向上抬起，并在落地时微屈膝关节。

要点：两腿应夹紧，脚跟抬起时腹部应收紧，并在落地时通过屈膝缓冲来减少冲击力。

（二）低冲击力步伐

1. 交替类

（1）踏步

动作要领：两脚依次抬起并落地，可以通过左右或前后移动来完成。

要点：前脚掌先落地并逐渐过渡到全脚掌，同时踝、膝、髋关节应依次进行有弹性的缓冲。

（2）走步

动作要领：向前移动时，脚跟先着地，再过渡到脚尖；向后移动时则脚尖着地后再脚跟着地。

要点：在落地时，无论是踝部还是膝关节，都需要以弹性方式来进行缓冲，以确保动作平稳且不易受伤。

（3）一字步

动作要领：先将一只脚向前迈出一步，随后另一只脚迅速并到前脚的位置，再逐步恢复到起始状态。

要点：向前迈步时，应确保脚跟先接触地面，再平稳过渡到全脚掌。此外，每一步都伴随着并腿的过程，且膝关节需要始终保持一定的弹性来缓冲冲击力。

(4) V字步

动作要领：以右脚为例，首先左脚向斜前方迈出一步，随后右脚也向斜前方迈出一步，之后左脚收回，右脚恢复到原位。

要点：两腿的膝部和踝关节都需要保持弹动状态，分开后应形成分腿半蹲的姿势，并确保身体的重心稳定在两腿之间。

(5) 漫步

动作要领：一脚向前迈出，同时屈膝并转移重心，另一脚则稍微抬起，然后原地落下；随后，一脚后撤一步，重心后移，另一脚也稍抬起，再原地落下。

要点：两脚应始终保持交替落地的节奏，身体的重心也随着动作前后移动，但始终应保持在两脚之间。

2. 点地类

(1) 脚尖点地

动作要领：站立时，一腿微屈作为支撑，另一腿向前或侧方伸出，仅以脚尖轻轻触碰地面，随后恢复并腿姿势。

要点：支撑腿保持微屈，动作应富有弹性，确保脚尖点地时轻盈而稳定。

(2) 脚跟点地

动作要领：站立时，一腿微屈作为支撑，另一腿向前或侧方伸出，用脚跟轻轻触碰地面后，迅速恢复并腿姿势。

要点：支撑腿需维持微屈状态，动作需具备节奏感和弹性，确保脚跟点地时动作流畅。

3. 迈步类

(1) 并步

动作要领：先一脚向侧方迈一步，紧接着另一只脚迅速移至与前脚并拢的位置，并以脚尖或脚跟点地。

要点：注意提升身体重心，并确保膝关节的屈伸动作具有节奏感。

(2) 交叉步

动作要领：一脚先向侧方迈出，随后另一只脚在前方或后方与该脚交叉；再侧迈一步，另一脚并拢或点地。

要点：第一步脚跟先着地，身体重心应迅速跟随脚步移动，同时保持膝、踝关节的灵活弹动。

(3) 迈步点地

动作要领：一脚向侧方迈出，身体重心随之转移，在另一只腿完成屈膝的同时，用脚尖或脚跟点地。

要点：两腿需进行弹性屈伸，重心移动轨迹应呈弧形，同时保持上体稳定，避免不必要的扭转。

(4) 迈步后屈腿

动作要领：一脚向前迈出后，另一只腿向后屈起，随后反向进行迈步动作。

要点：应保持屈膝半蹲姿势，支撑腿稍屈，后屈腿时脚跟尽量靠近臀部，以保持身体平衡和动作稳定。

(5) 迈步吸腿

动作要领：一脚迈出后，另一腿屈膝抬起，然后反方向迈步。

要点：屈膝半蹲，还原时支撑腿稍屈膝。

4. 抬起类

(1) 吸腿

动作要领：一腿站立，另一腿屈膝向上抬起。

要点：支撑腿应保持屈膝弹动，大腿抬至水平位置，小腿自然下垂，脚尖朝地，同时保持上体直立。

(2) 踢腿

动作要领：一腿站立，另一腿以直立状态快速上踢。

要点：上踢时支撑腿脚跟不能离地，膝关节保持微屈。

(3) 弹踢

动作要领：一腿站立，另一腿屈膝后向前下方弹直。

要点：两膝盖紧靠，脚尖伸直保持上体正直。

(4) 后屈腿

动作要领：一腿站立，另一腿向后屈膝，脚尖朝后，然后还原。

要点：支撑腿保持直立，抬起腿脚尖伸直。

(三) 高冲击力步伐

1. 单脚起跳类

(1) 吸腿跳

动作要领：一腿弯曲抬起，然后落下，之后另一脚离地跳起。

要点：支撑的脚要保持弹跳力，抬起的大腿升至水平位置，身体保持竖直。

（2）后屈腿跳

动作要领：一脚跳起时，另一脚向后弯曲，然后落下。

要点：支撑的脚要保持弹跳力，抬起的脚尽量贴近另一只脚。

（3）弹踢腿跳

动作要领：单脚跳起和落下，小腿先向后弯，然后向前伸直踢出。

要点：踢出的脚脚尖要伸直，身体始终保持竖直。

（4）摆腿跳

动作要领：一脚跳起，另一脚自然摆动，落下时两腿都要稍微弯曲以减缓冲击。

要点：落下时腿要弯曲以减缓冲击，摆动的脚抬起时要控制好高度。

2．双脚起跳类

（1）并腿纵跳

动作要领：两腿并拢，稍微弯曲后跳起，空中伸直，然后两脚同时落下。

要点：落下时腿要弯曲以减缓冲击，空中时身体肌肉要保持一定的紧张度。

（2）分腿半蹲跳

动作要领：跳起后身体保持竖直，脚尖朝下，落下时成半蹲姿势。

要点：身体始终保持竖直，落下时腿要弯曲以减缓冲击。

（3）开合跳

动作要领：两腿并拢跳起，分开落下，然后再分开跳起，并拢落下。

要点：两脚自然向外张开，膝关节朝脚尖方向稍屈，膝关节有弹性地缓冲。

（4）弓步跳

动作要领：并腿向上跳起，两腿成前后分开姿势落地，再向上跳起，并腿落地。

要点：落地时屈膝缓冲，膝关节与脚尖方向一致。

3．迈步起跳类

（1）并步跳

动作要领：一脚迈出并蹬地跳起，另一脚并向起跳脚，并腿落地。

要点：身体重心移动迅速，落地时注意缓冲。

（2）迈步吸腿跳

动作要领：一脚向前迈步，同时蹬地起跳，另一腿屈膝向上抬起，然后起跳脚落地。

要点：单脚起跳和落地，空中保持身体姿势，落地屈膝缓冲。

（3）迈步后屈腿跳

动作要领：一脚向侧方迈一步，另一腿向后屈膝，然后向反方向迈步。

要点：支撑腿稍屈膝，后屈腿的脚跟靠近臀部。

4. 后踢腿跑类

（1）后踢腿跑

动作要领：两脚经过腾空后，一脚落地，另一腿小腿后屈，依次交替进行。

要点：落地时屈膝缓冲，前脚掌着地。

（2）小马跳

动作要领：以右脚为例。右脚抬起，左脚向右侧跳一小步，右、左脚依次落地并交换腿小跳，至右脚站立，左脚前脚掌点地。

要点：单脚起跳，依次落地。

高中健美操身体素质训练

随着高中学生参加健美操运动的时间延长,动作难度不断增加,教学中对动作质量和审美要求也逐渐提高,同时也对练习者的身体素质提出了更高的要求。万丈高楼平地起,对参与健美操运动的高中学生也是如此,只有打好身体素质的基础,才能在健美操学习中,在学习质量及难度和美感方面进一步攀升,才能在科学锻炼的过程中取得合理有效的健身效果、达到预期的学习目标,也才能使健美操运动在高中学生中得以广泛有效地开展。

第一节 一般身体训练

一般身体训练是高中学生参加健美操运动所必须经历的训练过程,它是健美操运动专项身体素质的基础,是提高学生健美操运动技能和运动成绩的前提条件。一般身体训练的内容包括力量、耐力、速度、柔韧、灵敏、平衡等,该项训练能有效提升学生的基础运动能力,促进身体健康,进而降低运动伤害的风险,并有助于受伤后的功能恢复。一般身体素质训练还能有效地改善身体形态,提高个体在健美操比赛和练习中对较大强度负荷的适应能力。

一、一般力量素质练习

力量素质涉及身体肌肉在一般收缩和伸展过程中,对抗和克服阻力的能力。由于肌肉收缩速度的变化,人体在不同速度下展现出的力量能力也会有所不同。在体育课堂上,自重练习是最简便也是可行性最高的,不受特殊器械和场景的束缚,最适合学生进行力量素质的练习。自重练习依据不同部位可以分为手臂、腹部、腰部、腿部、踝部的力量素质练习。力量练习的方法和手段很多,根据不同运动项目的特点和要求,可以设计很多不同的内容,如下表(表 3.1)。

表 3.1 一般力量素质的练习部位和常用练习内容

身体素质类型	练习部位	常用练习内容举例
一般力量素质	手臂力量	自重俯卧撑 反握引体向上 自重双杠臂屈伸
	腹部力量	卷腹 悬挂抬膝 平躺收腹
	腰部力量	跪姿抬腿 平板支撑 侧平板支撑
	腿部力量	自重深蹲 自重箭步走 自重提踵
	踝部力量	脚踝跳 跳远定身 立定后跳

(一) 手臂力量练习

手臂力量的常用练习方法有自重俯卧撑、反握引体向上、自重双杠屈臂伸等。

1. 自重俯卧撑

进行自重俯卧撑时,需双手撑地,两手间距稍宽于肩,位于胸部下方,保持手臂伸直,两腿微开,脚趾点地支撑,挺胸收腹。随后,缓慢弯曲手肘,使身体下沉,直至肘关节呈 90°。暂停片刻后,利用胸肌力量推起身体,回到起始姿势。注意在动作过程中,避免髋部弯曲或下沉。

2. 反握引体向上

反握引体向上时,需双手握住单杠,两手间距与肩同宽,手心向内。吸气后,利用背阔肌的力量,屈臂向上拉,直至下巴超过单杠。随后,缓慢下放身体至起始位置,如此重复练习。如果需要辅助,可由他人扶住腰部协助完成。

3. 自重双杠臂屈伸

进行自重双杠臂屈伸时,需双手扶住双杠,掌心相对,手臂伸直支撑。然后屈肘使身体下降至最低点,手肘弯曲至90°。深呼气时,用力将身体撑起;下落时吸气,反复进行练习。在整个过程中,须保持身体重心稳定,下降时手肘弯曲角度不小于90°。

(二) 腹部力量练习

一般腹部力量的常用练习方法有卷腹、悬挂抬膝、平躺收腹等。

1. 卷腹

身体仰卧在地垫上,膝盖弯曲成约90°,确保背部和脊柱放松。两腿并拢伸直,脚部平放地面,手臂伸直,双手置于大腿上。随后,慢慢抬起肩部与上背部,同时手掌在大腿上滑动。注意:下背部需紧贴地面,双手应触及膝盖。动作完成后,停顿1~2秒,再缓慢回到起始姿势。

2. 悬挂抬膝

双手紧握器械把手,前臂放在垫板上,利用手臂力量支撑身体,背部紧贴靠背。腹肌发力,将膝盖提起向上靠近胸口,并在动作最高点停顿1~2秒,随后慢慢放下双腿,回到起始姿势。练习时,保持手臂和背部稳定。

3. 平躺收腹

身体仰卧于地垫上,膝盖弯曲,背部和脊柱放松。两腿并拢,脚部平放地面,双手交叉置于后脑勺。先收缩腹肌,向下压迫背部,保持腹肌收缩约5秒,然后逐渐放松,回到起始状态。练习时,保持自然呼吸,避免憋气。

(三) 腰部力量练习

腰部力量的常用训练方法包括跪姿抬腿、平板支撑和侧平板支撑等。

1. 跪姿抬腿

跪于地面,膝盖和双手支撑身体,手臂伸直,背部保持水平。随后,缓慢伸直抬起一条腿,使其与地面平行,保持数秒后,慢慢放下该腿,再换另一条腿重复此动作。练习时,应匀速进行,确保肩部和髋部稳定。

2. 平板支撑

这个动作要求使用前臂、肘部和脚尖来支撑整个身体的重量,面部朝下,身体呈直线状俯撑在垫子上。在保持俯撑姿势的过程中,需收紧腹部和臀部肌肉,以维持姿势的稳定性。重要的是,整个过程都需要腹肌的持续发力与收紧。

3. 侧平板支撑

此动作需侧身支撑,以靠近地面的前臂、肘部和脚承担身体重量。在保持身体伸直的同时(无论是朝哪个方向),腹部肌肉都应保持紧张状态。这一姿势需要持续一段时间,同样要求腹肌全程发力与收紧。

(四)腿部力量练习

一般腿部力量的常用训练方法有自重深蹲、自重箭步走、自重提踵等。

1. 自重深蹲

站直时,双脚分开稍微宽于肩膀,脚尖稍微外撇。双手可以选择叉腰或自然伸直。背部需挺直,胸部挺起,腹部收紧。接着,慢慢弯曲膝盖和臀部,下蹲直至大腿与地面平行,注意膝盖不超过脚尖。在底部稍作停顿后,再缓缓伸直腿部和臀部,恢复到站立姿势。下蹲过程中,膝盖应微微外展,与脚尖方向一致。

2. 自重箭步走

保持身体直立,双脚并拢,双臂弯曲并紧贴身体两侧。行走时,目光前视,身体保持挺直。向前迈出一步时,先让脚后跟接触地面,然后逐渐下蹲,直到前腿的膝关节形成约90°角(注意膝盖不应超过脚尖)。同时,后腿向后伸展,膝关节弯曲但避免膝盖触地。随后,稍微起身,换腿继续前行。整个过程中,胸部应抬起,背部挺直,上半身保持稳定。

3. 自重提踵

将训练凳靠墙放置,然后站在凳子前面,用左手扶住墙壁以保持身体稳定。将右脚的前脚掌放在凳子上,左腿轻轻勾住右腿的脚踝后侧,同时伸直右腿,进行提踵动作,锻炼小腿肌肉。接着,用脚尖尽可能踮至最高点,再缓慢落下至最低点。完成一组练习后,换脚继续。注意:练习过程中要保持上半身与膝盖挺直,避免大腿发力。

(五) 踝部力量练习

一般踝部力量的常用训练方法包括脚踝跳、跳远定身、立定后跳等。

1. 脚踝跳

双脚与肩同宽站立,利用脚踝的力量原地起跳,膝盖在落地时微弯曲。每次跳起时,确保脚踝伸展至最大限度。

2. 跳远定身

双脚与肩同宽站立,屈膝下蹲后迅速向前方起跳,尽可能跳到最远处。落地后,保持姿势 2~3 秒,再重复练习。注意:落地时应弯曲膝盖以缓冲冲击力。

3. 立定后跳

双脚与肩同宽站立,屈膝下蹲后迅速向后跳。整个过程中,手肘保持 90°以帮助身体保持平衡。落地后,同样保持姿势 2~3 秒,再重复练习。注意:练习过程中胸部应保持在脚尖上方,避免重心后移。

二、一般耐力素质练习

耐力素质是指机体在长时间内保持特定强度负荷或动作质量的能力。良好的耐力素质有助于提高运动成绩,是运动员取得优异成绩的基础。因此,需要采用适当的训练手段和方法,系统地开发人体各方面的耐力潜力,以适应不同运动项目的需求。需要注意的是,耐力训练需要一定的技巧,每一项练习都需倾尽全力;只有超过比赛的运动量和运动强度,才能发挥真正的练习效果。一般耐力素质训练可以分为有氧耐力练习和无氧耐力练习。常用练习内容如下表(表 3.2)。

表 3.2 一般耐力素质的分类类型和常用练习内容

身体素质类型	分类类型	常用练习内容
一般耐力素质	有氧耐力	匀速持续跑 变速跑 间歇跑 法特莱克速度游戏 高原训练法

续 表

身体素质类型	分类类型	常用练习内容
一般耐力素质	无氧耐力	固定间歇时间跑 逐渐缩短间歇时间跑 短距离间歇跑 较长距离间歇跑
	有氧和无氧 混合耐力	反复跑 间歇快跑 力竭重复跑 俄式间歇跑 短距离重复跑 持续接力

（一）有氧耐力练习

有氧耐力的常见锻炼方式包括匀速持续跑、变速跑、间歇跑、法特莱克速度游戏、高原训练法等。

1. 匀速持续跑

通过保持稳定的跑步速度，尽可能增加跑步的距离和时长。通常运动时间应超过1小时，心率应控制在每分钟150次左右。

2. 变速跑

根据学生的体能状况，灵活调整跑步速度和距离，从低强度逐渐过渡到高强度；心率可维持在每分钟130～150次或170～180次之间，练习时间应持续半小时以上。

3. 间歇跑

这种锻炼方式的特点是总负荷量相对较小，但负荷强度较大。在每次高强度练习之间，采用如放松走或慢跑等积极性休息方式。虽然每次高强度练习的时间不长，但整个锻炼过程应持续半小时以上，心率可达每分钟170～180次。在身体未完全恢复时即开始下一次练习，此时心率应在每分钟120～140次之间。

4. 法特莱克速度游戏

利用户外环境如野外、山坡等地形，进行不同速度组合的跑步练习，包括快跑、慢跑、匀速跑和加速跑等。练习者可以根据自身情况灵活调整距离和速度。

5. 高原训练法

可选择到海拔1 900～2 500米的高原地区进行练习，然后再到平原进行练习，以激发集体补偿机制。需注意高原训练能量消耗较大、易疲劳，练习过程难以控制，也可以采用模拟高原环境和条件的器械设备进行练习。

(二) 无氧耐力练习

无氧耐力训练旨在提高运动员在缺乏氧气供应的情况下持续运动的能力，主要包括固定间歇跑、递减间歇跑以及高强度短距离间歇跑等。

1. 固定间歇时间跑

在接近最大负荷（80%～90%的强度）的训练中，保持固定的休息时间间隔，并在一定时间间隔内维持较高的运动强度。每次训练的持续时间和距离相对较长，但为了避免过度疲劳，重复的次数需要适当控制。

2. 逐渐缩短间歇时间跑

在接近最大负荷的强度下，运动员的休息时间逐渐缩短。这种训练方法旨在模拟比赛中逐渐增加的疲劳感，并帮助运动员适应在更短时间内恢复体能的压力。虽然每次训练的持续时间和距离也较长，但同样需要控制重复次数。

3. 短距离间歇跑

这种训练通常涉及30～60米的短距离冲刺，每次冲刺完成后休息约1分钟。运动员需要在接近或超过95%的最大强度下完成这些冲刺，每次冲刺的持续时间大约为10秒。

4. 长距离间歇跑

对于长距离间歇跑训练，每次的练习距离设定在100～150米之间，间歇时间则设定为超过2分钟，以确保运动员有充足的恢复时间。在训练过程中，维持95%以上的高强度练习水平，并确保每次冲刺的持续时间超过10秒。

(三) 有氧和无氧混合耐力练习

关于有氧与无氧混合耐力的训练，常用的方法包括反复跑、间歇快跑、力竭重复跑、俄式间歇跑、短距离重复跑以及持续接力等。

1. 反复跑

练习强度保持在80%以上,每组距离可以是150米、250米或500米;每组重复4～5次,每组练习之间休息约20分钟。

2. 间歇快跑

采取接近极限的100米全力冲刺,随后进行1分钟的慢跑恢复。根据个人的体能状况,灵活调整练习的组数。

3. 力竭重复跑

选定几十米的距离,以全力进行多次冲刺,确保每次冲刺之间都有充足的休息时间。

4. 俄式间歇跑

每次练习之间的休息时间固定;随着训练水平的提升,逐渐缩短休息时长、提高训练强度。

5. 短距离重复跑

选择300～600米的距离,每次练习保持80%～90%的强度,重复进行,并特别注意速度的合理分配。

6. 持续接力

以100～200米的全力跑为基础,每组4～5人进行接力,强调安全性和团队之间的协调配合。

三、速度素质的练习

速度素质是指人体快速运动的能力,也是作为健美操练习者所必须具备的能力。在健美操比赛成套动作的展示中,复杂的难度动作要求参赛者在高速状态下完成所有环节,以良好的速度素质体现出动作的连贯性和灵巧性。速度素质涵盖三个核心要素：反应、动作和移动速度。反应速度强调人体对各类刺激(如声音、光线、触碰)的迅速反应能力,常根据项目需求测试对特定信号的响应时间。动作速度则聚焦于人体或其某部分迅速完成动作的能力,如挥摆、击打、蹬伸、踢踹等动作的迅捷性。移动速度则是人体在特定方向上的行进速度,其能力体现在加速效率、最高速度及速度维持能力上。一般速度素质的分类和常用练习方法如下表(表3.3)。

表 3.3 一般速度素质的分类和常用练习方法

身体素质类型	分类	常用练习方法
一般速度素质	反应速度	信号刺激法 运动感觉法 移动目标练习法 选择性信号反应练习
	动作速度	助力或减阻练习法 预先加难练习法 速度控制练习法
	移动速度	起跑速度练习 助力速度练习 阻力速度练习

（一）反应速度

在提升反应速度方面，有多种常用的练习方法，如信号刺激法、运动感觉法、移动目标练习法以及选择性信号反应练习等。

1. 信号刺激法

这种方法主要运用突然发出的信号，如口令、鸣哨或鸣枪等，来锻炼学生的反应能力。通过不断练习，使学生能够对各种信号迅速作出反应。根据信号的特点，练习可以分为固定信号源单一信号、固定信号源多元信号、固定信号源选择信号、移动信号源单一信号和移动信号源选择信号等多种类型。

2. 运动感觉法

这是一种通过提高学生的本体感受以及对时间、空间的感知能力来增强反应速度的练习方法。具体练习时，可以分为三个步骤：首先，学生需对信号快速作出应答，随后由教师告知其反应时间；其次，学生再次对信号作出应答后，需自行估计反应时间，并由教师核对其准确的反应时间，以帮助学生提升时间判断的准确性；最后，学生需按照教师事先确定的时间完成动作。这种方法能够显著提高学生的时间判断能力，进而促进其反应速度的提升。

3. 移动目标练习法

移动目标练习法主要是通过观察并应对移动目标的变化来实施练习。

此方法通常分为四个步骤：首先，观察并听取移动目标的信号；其次，判断目标的移动方向和速度；接着，确定对目标信号的响应策略；最后，执行相应的反应动作。其中，准确判断目标的移动方向和速度至关重要，这直接决定了所选响应策略的有效性。

4. 选择性信号反应练习

选择性信号反应练习旨在通过让学生对不同复合信号进行选择性判断，并仅对其中一种信号作出反应的方法，来提升其反应速度。这种方法着重培养学生在运动中对复合信号迅速作出判断的能力。随着信号的逐渐复杂化，引导学生作出与信号相反的应答动作是练习的关键内容。

（二）动作速度

动作速度的训练可采用多种方法，如助力或减阻练习法、预先加难练习法以及速度控制练习法等。

1. 助力或减阻练习法

通过给予学生助力或降低其练习时的阻力，帮助他们更快地完成动作，从而体验更快的动作速度感。

2. 预先加难练习法

这种方法是在练习中先增加难度或阻力，随后突然减少或恢复到正常状态。利用前期的高难度练习对神经系统和运动系统产生的刺激和痕迹作用，有效地提升动作速度。

3. 速度控制练习法

通过对动作速度进行主动且有效的控制练习，可以提升学生的动作速度感知能力，进而提升其动作速度。

（三）移动速度

移动速度的练习方法多样，常见的包括起跑速度练习、助力速度练习和阻力速度练习等。

1. 起跑速度练习

（1）俯撑起跑

这项练习旨在提高学生的加速能力，特别是在保持身体前倾的状态下。

通常练习距离较短,一般在5～30米的范围内。

(2) 前倒起跑

这项练习旨在强化学生的加速技术。练习时,学生需保持直立并目视前方,身体逐渐前倾,直至无法控制时迅速向前加速以通过特定距离。

(3) 推实心球＋冲刺

为了增强初期爆发力,学生需半蹲持实心球于胸前,随后迅速伸展髋、膝、踝,全力推出实心球,并立即加速冲刺。这种练习能有效提升加速阶段的爆发力。

2. 助力速度练习

(1) 下坡跑

在20米长的平坦地面冲刺后,转入距离15米、倾斜角度在3°～7°的下坡进行冲刺(这种练习有助于增加步长、步频和速度),最后再进行15米的平地冲刺以维持高速,确保学生在无助力条件下依然能够保持优秀的速度表现。注意:下坡的倾斜角度须适中,以避免潜在的安全隐患。

(2) 助力牵引

该练习要求将弹力带系在学生的腰部,另一边系在同伴或固定物上。学生后退将弹力带拉长,在产生弹力的情况下进行高速牵引跑练习。

3. 阻力速度练习

(1) 上坡跑

这一练习要求学生在跑动时保持正确的体态和技巧,距离控制在10～30米之间,速度至少需达到最大速度的90%。通过这种练习,可以有效增加步幅,提高伸髋肌群的负荷承受能力,进而增强肌肉力量。

(2) 拖重物跑

这一练习中,学生需要拖动轮胎、降落伞或其他重物并进行快速跑。这种方法有助于增加跑动阻力,提升髋、膝、踝三个关节伸肌群的力量。

(3) 沙地跑和水中跑

在沙地和水中这两种不同环境下进行跑步时,由于机体受到的阻力增加,屈髋肌的负担会相应加大。特别是在水中跑时,需要注意水深不宜超过腰部,通过水的阻力可以有效增强屈髋肌群的力量。而沙地跑则能让下肢、脚以及髋关节的肌肉在不稳定的沙地上进行适应性调整,从而提高身体的稳定性。

（4）负重背心跑

这一练习要求学生穿上具有一定重量的背心进行跑步。通过增加负重，可以有效提升腿部伸肌的力量，增强肌肉承受离心负荷的能力，并在肌肉内储存更多的弹性能量，从而增加肌肉收缩时的爆发力，促进步长的增加。

四、一般柔韧素质练习

柔韧素质是指人体关节的活动范围以及关节周围组织的弹性和伸展能力，包括韧带、肌腱、肌肉、皮肤等的弹性及伸展能力。对柔韧素质的训练旨在强化身体的两种特性——弹性和可塑性。弹性是指肌肉在受到牵伸后能迅速恢复原状的能力，而可塑性则指组织在被动牵拉下能够延长，并在外力撤去后保持其延伸效果的能力。良好的柔韧素质对技术的掌握和提高具有促进作用，有利于力量和速度的发挥，防止、减少运动损伤的发生以及促进身体适应、保持姿态和对称性。一般柔韧素质依据拉伸的方式可以划分为静态牵拉、动态牵拉和PNF牵拉练习。常用练习内容如下表（表3.4）。

表3.4 一般柔韧素质的拉伸类型和常用练习内容

身体素质类型	拉伸类型	常用练习内容
一般柔韧素质	静态牵拉	跪姿髂腰肌牵拉 侧卧股四头肌牵拉 跪姿臀部肌群牵拉 坐位髋内收肌群牵拉
	动态牵拉	抱膝提踵 抱膝髋外旋提踵 勾脚前屈 燕式平衡
	PNF牵拉	仰卧位臀大肌牵拉 仰卧位直腿牵拉腘绳肌 股四头肌牵拉 俯卧位牵伸髂腰肌

(一) 静态牵拉

静态牵拉的常用练习方法有跪姿髂腰肌牵拉、侧卧股四头肌牵拉、跪姿臀部肌群牵拉、坐位髋内收肌群牵拉等。

1. 跪姿髂腰肌牵拉

左脚前跨一步,右膝跪地,右手推臀向前,同时收腹并挺髋,直至感受到大腿与腹部连接处的前侧有拉伸感。练习时,需保持收腹状态,骨盆中立无旋转,前膝关节不超出脚尖,身体保持竖直,避免前倾。可双腿交替进行此练习。

2. 侧卧股四头肌牵拉

身体侧卧,左臂伸直过头,头部枕在左上臂上;屈右膝,右手握右脚踝,将右踝拉向臀部,直至大腿前部的股四头肌感受到明显拉伸感。练习时,注意收腹,保持骨盆中立无旋转,右腿与地面平行。可双腿交替完成此动作。

3. 跪姿臀部肌群牵拉

前腿弯曲贴地,后腿后伸,通过身体的不同倾斜方向,分别拉伸臀部肌肉的内侧、中部和外侧。在练习过程中,需保持挺胸,使脊柱保持平直,主要屈髋而非弓背,以更有效地拉伸臀部肌群。

4. 坐位髋内收肌群牵拉

臀部坐于垫子上,双脚底面相互贴合;利用前臂或肘部置于大腿内侧,双肘轻抵双膝,随后俯身进行拉伸。在此过程中,务必保持挺胸姿势,使腹部逐渐接近足部,以感受大腿内侧肌群的拉伸感。

(二) 动态牵拉

动态拉伸包括多种练习方式,如抱膝提踵、抱膝髋外旋提踵、勾脚前屈及燕式平衡等。

1. 抱膝提踵

行进间,双手环抱膝盖,使大腿贴近胸部,同时抬起脚背。身体保持直立、平衡稳定。当抬起腿后,支撑腿提踵。动作幅度应逐渐增加,并在最大幅度时保持 2~3 秒,之后换腿交替进行。

2. 抱膝髋外旋提踵

在行走中,一手抱膝,一手抱踝,髋关节进行外旋动作,确保小腿与地面平行。身体维持直立状态、平衡稳定。抬起腿后,支撑腿提踵。动作幅度逐步增大,并在最大幅度时保持 2~3 秒,感受肌肉拉伸,随后换腿交替进行。

3. 勾脚前屈

行走时,收腹挺胸,目光下视,一侧脚尖勾起,双手自膝关节经脚踝至脚尖。缓慢俯身,体会大腿及小腿后侧肌肉的拉伸感。牵拉过程需平缓,两侧轮流进行。

4. 燕式平衡

行进间,一手握住脚背,后腿弯曲,身体前倾至与地面平行,另一手向前伸展,上身保持正直,避免髋关节旋转,尽量维持身体直线。动作幅度逐渐增大,并在最大幅度时保持 2~3 秒,感受肌肉拉伸,之后交替进行。

(三) PNF 拉伸

PNF 拉伸的常用练习方法有仰卧位臀大肌牵拉、仰卧位直腿牵拉腘绳肌、股四头肌牵拉、俯卧位牵伸髂腰肌等。

1. 仰卧位臀大肌牵拉

动作步骤:

(1) 被牵拉者躺平,弯曲髋关节,尽量使膝关节靠近胸部,同伴可助其一臂之力,直到感觉臀大肌有明显的牵拉感;

(2) 同伴将手置于被牵拉者的膝关节后方,为其臀大肌的等长收缩施加一定阻力;

(3) 被牵拉者需慢慢收缩臀大肌,与同伴手部的阻力形成对抗,维持这一收缩状态约 6~10 秒;

(4) 随后,被牵拉者放松肌肉,在深呼吸时,同伴轻轻将其腿推向胸部,从而增强对臀大肌的牵拉效果;

(5) 上述过程重复 2~3 次即可,注意在牵拉过程中,骨盆应保持中立位置,避免过度重复导致肌肉拉伤。

2. 仰卧位直腿牵拉腘绳肌

动作步骤:

(1) 被牵拉者仰卧,尝试抬高牵拉侧的腿并保持直腿状态,同伴可协助其达到腘绳肌被明显牵拉的位置；

（2）同伴调整姿势，为腘绳肌的收缩施加适当的阻力；

（3）被牵拉者需缓慢收缩腘绳肌，与同伴手部的阻力相抗衡，保持等长收缩状态约6～10秒；

（4）收缩完毕后，被牵拉者放松肌肉，在深呼吸的同时，股四头肌主动收缩，同时同伴轻推其腿至更深的拉伸位置，从而增强对腘绳肌的牵拉效果；

（5）上述过程重复2～3次即可，在进行牵拉时，需确保骨盆保持中立状态，同时膝关节应维持伸直，避免过度重复以降低肌肉拉伤的风险。

3. 股四头肌牵拉

动作步骤：

（1）被牵拉者采取俯卧姿势，尽量弯曲膝关节，感受股四头肌的拉伸感，同伴协助控制其腿部，使足跟贴近臀部；

（2）同伴用双手及自身体重为被牵拉者的踝部施加压力，以产生股四头肌收缩的阻力；

（3）被牵拉者需用力伸直腿部，以对抗同伴的等长收缩，持续6～10秒；

（4）随后，被牵拉者放松并深呼吸，呼气时，同伴帮助增加对股四头肌的牵拉力度；

（5）上述动作建议重复2～3次，其间被牵拉者的髋关节需平稳地放在垫子上。

4. 俯卧位牵伸髂腰肌

动作步骤：

（1）被牵拉者以俯卧姿势，弯曲膝关节，通过伸髋肌群的动作使腿部尽量抬起，感受髂腰肌的牵拉感；

（2）同伴在被牵拉者的膝关节上方施加力量，为髂腰肌的等长收缩提供阻力；

（3）被牵拉者需缓慢收缩髂腰肌，维持等长收缩状态6～10秒；

（4）在放松与深吸气的过程中，被牵拉者需保持腿部起始位置，吸气时，利用伸髋肌群使腿部抬得更高，从而增加对腰肌的牵伸力度；

(5) 建议重复上述动作 2~3 次,其间确保髋关节平稳地放在垫子上,并在进行髂腰肌等长对抗时放松臀大肌。

五、一般灵敏素质练习

灵敏素质主要指的是身体在快速改变速度和方向时所表现出的反应能力,它融合了速度、爆发力、平衡和协调等多种身体素质。通常所说的一般灵敏素质,就是个体在完成各类错综复杂的动作时所表现出的快速应变能力。这种素质在实际运动中可以体现为迅速加速、紧急停止、快速变向并再次加速的能力;对于对抗性运动而言,它尤为重要。一般灵敏素质的练习可以分为线路练习、标志桶练习、绳梯练习、沙袋练习、后撤步练习、全身灵敏性练习等。常用练习内容如下表(表 3.5)。

表 3.5 一般灵敏素质的分类和常用练习内容

身体素质类型	分 类	常用练习内容
一般灵敏素质	线路练习	20 米往返 辗转
	标志桶练习	15 米转身练习 20 米正方形
	绳梯练习	黏滑步 进出滑步
	沙袋练习	沙袋变向练习 沙袋穿行练习
	后撤步练习	后撤步+冲刺——直线 后撤步+冲刺——W 形
	全身灵敏性练习	前滚翻 后滚翻

(一)线路练习

线路练习的常用方法有 20 米往返跑、辗转等。

1. 20 米往返跑

起始为两点站立姿势,越过起跑线后,先向右转并冲刺,用右手触碰 5 米外的线;然后向左转冲刺 10 米,用左手触碰远处的线;最后再向右转冲刺 5 米,冲过起跑线到达终点(图 3.1)。

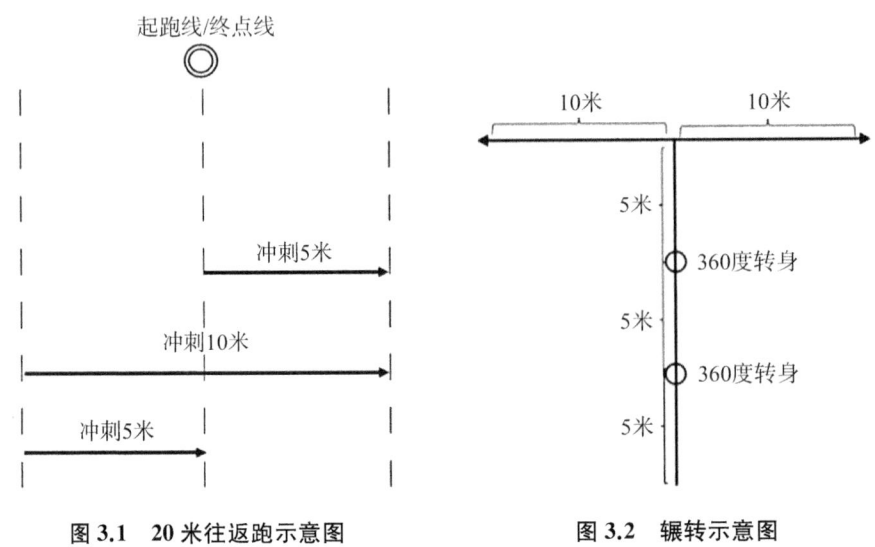

图 3.1 20 米往返跑示意图　　图 3.2 辗转示意图

2. 辗转

以两点站立姿势为起始,先向前冲刺 5 米,然后做一个 360 度的转身,再继续冲刺 5 米;再做一次 360 度的转身,冲刺 5 米;最后选择向右侧或左侧冲刺 10 米。需要注意的是,在进行第一次 360 度转身时,将右手触地;第二次 360 度转身时,将左手触地(图 3.2)。

(二) 标志桶练习

标志桶练习的常用方法有 15 米转身练习、20 米正方形等。

1. 15 米转身练习

起始采用两点站姿,先冲刺前进 5 米,到达 1 号标志桶后,迅速向右转身绕过;之后冲刺至起点右侧 5 米处的 2 号标志桶,此桶与 1 号桶呈对角线分布,再绕其向左转;最后冲刺约 5 米完成整个练习。在转弯时,记得将内侧手置于地面以保持稳定(图 3.3)。

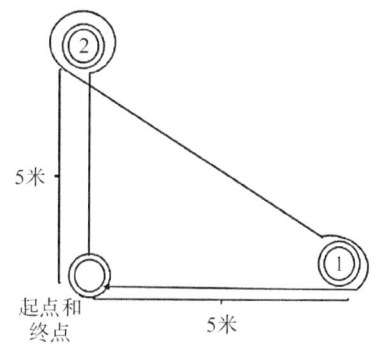
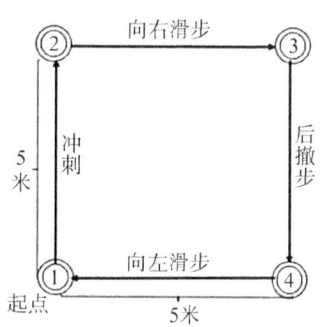

图 3.3　15 米转身练习示意图　　图 3.4　20 米正方形练习示意图

2. 20 米正方形

首先,将标志桶摆放成正方形,同样从两点站姿开始;冲刺 5 米至第一个标志桶,随后迅速向右切进;接着向右滑步 5 米并急停转身;然后后撤步 5 米至下一个标志桶,快速向左切进;最后向左滑步通过终点。转弯时,同样需要将内侧手放在地上,以确保动作的流畅与安全(图 3.4)。

(三) 绳梯练习

绳梯练习的常用方法有黏滑步、进出滑步等。

1. 黏滑步

起始于梯子的左侧,首先右脚横向踏入第一个格子,随后左脚跟进,进入同一格子;接着,右脚再横向移动到梯子的右侧,左脚则向前步入下一个格子;随后,右脚跟进到左脚所在的格子;之后,左脚横向踏出到梯子的左侧,右脚再向前步入下一个格子。如此往复,向前和向后均按照此模式进行练习(图 3.5)。

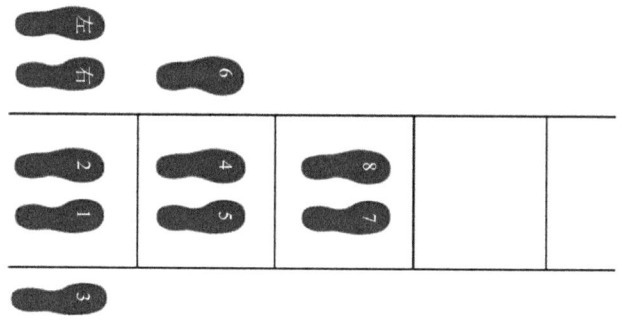

图 3.5　黏滑步示意图

2. 进出滑步

以两点站姿起始,初始位置位于梯子侧面,面向梯子方向。左脚先向前迈出一步,进入绳梯的第一格;随后,右脚跟进,同样进入第一格;接着,左脚以对角线的方式后退一步,落在第二格的前方;右脚紧随其后,也落在第二格的前方。按照这一模式,不断重复,直至完成整个绳梯的穿越。在此过程中,须确保每只脚都触及每一个格子(图3.6)。

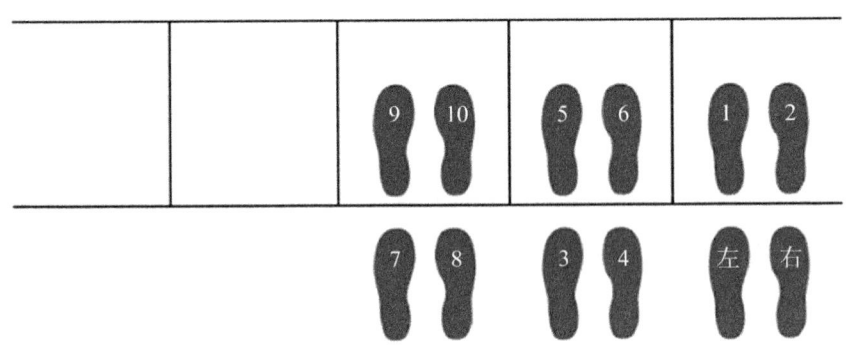

图 3.6 进出滑步示意图

(四) 沙袋练习

沙袋练习的常用方法有沙袋变向练习、沙袋穿行练习等。

1. 沙袋变向练习

以两点站姿,从沙袋一端的右侧开始,向前冲刺至下一个沙袋的左侧;随后,将外侧脚置于沙袋一端,采用爆发式侧滑步前进至下一个沙袋的另一端。完成整个冲刺过程,跑过所有沙袋(图3.7)。

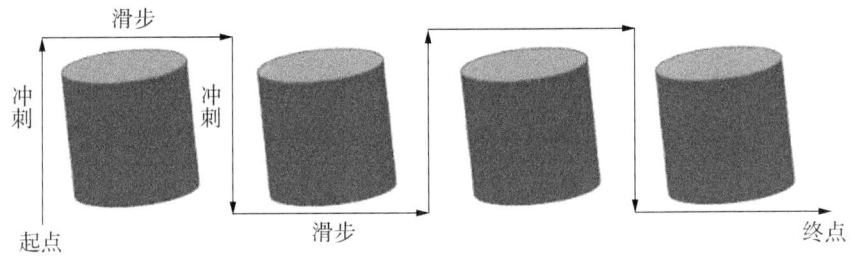

图 3.7 沙袋变向练习示意图

2.沙袋穿行练习

使用4个沙袋,以两点站姿,从第一个沙袋外侧开始,向前冲刺至沙袋前方;接着,向右滑步至沙袋间的空地,注意在侧向移动时要避免双脚交叉;随后,迅速后撤步越过沙袋一步;继续使用滑步至最后一个沙袋外侧,同时保持肩膀平直、两点站姿,抬头并保持良好的跑步姿势,尽可能快速移动(图3.8)。

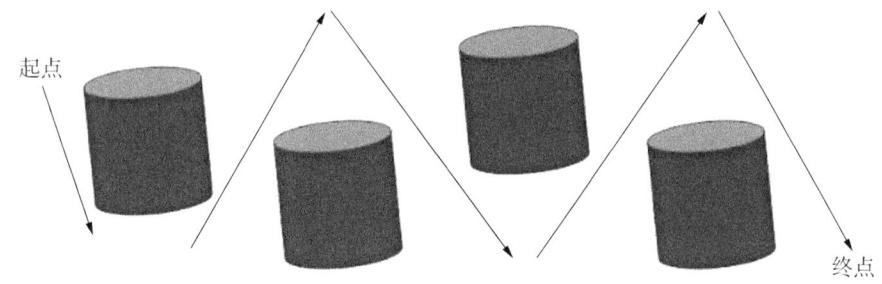

图3.8 沙袋穿行练习示意图

(五) 后撤步练习

后撤步练习包括后撤步+冲刺—直线和后撤步+冲刺—W形等方法。

1.后撤步+冲刺—直线

以两点站姿,背对路线,进行5米后撤步;之后向右转动髋部,冲刺5米,保持在线上,眼睛注视起点;接着向左转回,再次进行5米后撤步并向左转动髋部;随后冲刺5米,保持在线上,眼睛始终注视起点(图3.9)。

2.后撤步+冲刺—W形

采用两点起始站姿,以45°后撤步10米;以外侧脚支撑,以45°向前冲刺10米;重复以上动作两次(图3.10)。

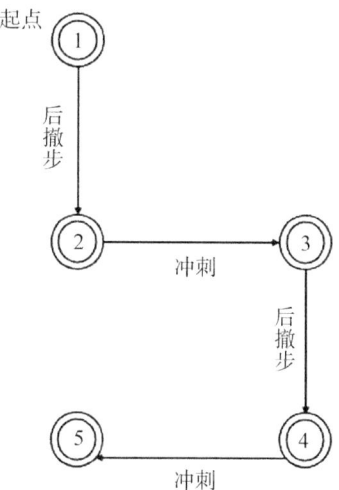

图3.9 后撤步+冲刺—直线示意图

(六) 全身灵敏性

全身灵敏性的常用训练方法有前滚翻、后滚翻等。

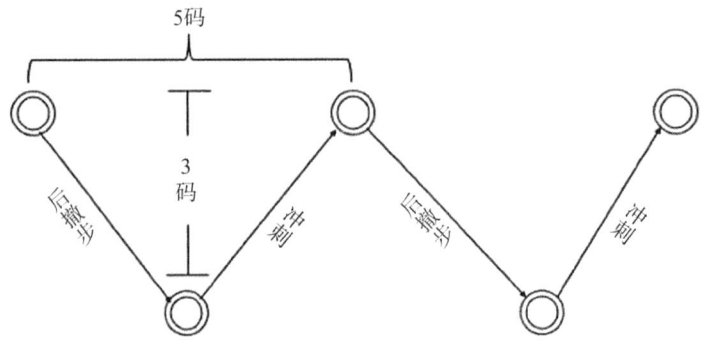

图 3.10　后撤步＋冲刺—W 形示意图

1. 前滚翻

起始站姿为两点式,左脚置于前方;身体前倾并开始向前倒,当即将触地时,以左肩为轴进行翻滚;翻滚后站立,再以任意一脚在前,以两侧肩膀为轴完成前滚翻。

2. 后滚翻

同样采用两点起始站姿;弯曲双腿并向后坐,在即将接触地面时,以左肩为轴向后翻滚;完成翻滚后站立,再分别以两侧肩膀为轴完成后滚翻。

第二节　专项身体素质练习

专项身体素质主要指在完成特定运动技战术时,人体展现出的速度、力量、灵敏度、柔韧性和耐力等能力。这些素质对专项运动能力的提升具有重要影响。健美操身体素质训练应从一般身体素质训练逐步提升到专项身体素质训练,应运用专项身体素质训练方法最大限度地提升学生的专项运动能力和身体素质水平。专项身体素质训练旨在根据学生的运动生理特征和专业方法,进一步增强学生的体能。高水平的专项身体素质训练有助于学生掌握优质的运动技巧,确保在竞技和锻炼过程中能承受更高的负荷,并加速身体机能的恢复。

一、专项力量素质练习

力量素质的训练是健美操运动中不可忽视的一环。随着健美操技术的逐步发展和成套动作的日益成熟,力量型技术和动作对学生提出了更高的要求,对动作精细度的把控直接影响学生对技术的掌握和运动成绩的提高。如文森俯卧撑,需要在进行俯卧撑的同时,将一只脚腾空从侧方移动至上肢位置,对手臂的力量具有很高的要求。专项力量素质的练习可根据锻炼部位细分为上肢力量、下肢力量和躯干力量的训练(表3.6)。

表3.6 专项力量素质的练习部位和常用练习内容

身体素质类型	练习部位	常用练习内容
专项力量素质	上肢力量	推撑力量 直臂支撑力量 支撑力量 托举力量 拉引力量
	下肢力量	爆发力 落地缓冲力量 控制力量
	躯干力量	腹肌力量 背肌力量 侧腰肌力量 躯干控制力量

(一)常用上肢力量练习

专项上肢力量的常用练习方法有推撑力量、直臂支撑力量、支撑力量、托举力量、拉引力量等。

1. 推撑力量

通过体操凳上做俯卧撑、进行推倒立训练、利用双杠进行屈伸动作、站立或仰卧推举杠铃,以及做俯身提拉杠铃的动作,都可以提升肌体的推撑力量。此外,使用哑铃进行前上举、侧上举、俯身上举以及腕屈伸等练习也是有效的方法。

2. 直臂支撑力量

可尝试下肢抬高的仰撑、侧撑、俯撑练习,还可以进行爬倒立、双杠支撑和摆动、双杠支撑移动以及鞍马支撑移动等训练。

3. 支撑力量

支撑力量的提升可以通过后举腿、分腿、保持背部水平、直角分腿、直角分腿并腿以及高直角支撑等动作的练习来实现。

4. 托举力量

可以通过向上推举杠铃或者与同伴配合进行训练来提升托举力量,其中同伴可以采取平卧、站立、俯卧等多种姿势来配合练习。

5. 拉引力量

增强拉引力量的方法包括进行徒手攀登训练以及引体向上等练习。

(二) 常用下肢力量练习

专项下肢力量的常用训练方法包括爆发力、落地缓冲力量、控制力量等的锻炼。

1. 爆发力

要提升爆发力,可以尝试连续做深蹲跳、20 米蛙跳、跳绳以及跳台阶等练习。另外,还可以选择纵跳、团身跳、分腿跳、屈体跳、横劈叉跳、纵劈叉跳、转体跳以及交换腿跳等大动作跳跃。这些爆发力训练都可以根据需要增加负重来进行。

2. 落地缓冲力量

可采用负重方式进行半蹲起和静止负重半蹲的交替退让性练习。

3. 控制力量

可进行前、侧、后搬腿和控腿,前屈后控腿平衡等练习,也可以借助肋木或负重进行练习。

(三) 常用躯干力量练习

专项躯干力量的常用练习方法包括腹肌力量、背肌力量、侧腰肌力量、躯干控制力量等的练习。

1. 腹肌力量

如进行仰卧收腹的系列动作,包括起坐、举腿、两头起等,以及悬垂状态下的举腿和举腿绕环练习。此外,起上体快速踢腿练习,如扶肋木前踢腿以及进行原地或移动高踢腿跑跳也是不错的选择。

2. 背肌力量

可以选择俯卧抬上体、两头起和摆腿等高位练习。另外,扶肋木快速后踢腿和原地或移动后高踢腿跑跳也是增强背肌力量的有效方法。

3. 侧腰肌力量

可以选择侧卧起上体、仰卧体转起坐等动作。同时，扶肋木快速后踢腿和向侧高踢腿跑跳也是非常有效的练习方法。

4. 躯干控制力量

可以采用直角支撑、高直角支撑和背水平支撑下的多种练习方法。

二、专项耐力素质练习

专项耐力素质指的是能够持续完成专项动作或接近比赛动作的能力，它与专项运动成绩的提升密切相关。对于健美操学习者而言，耐力素质的发展直接影响到专项竞技水平的提升，是在训练和比赛中克服疲劳、应对大负荷运动的关键。良好的耐力素质不仅能提升技术动作的学习效果，还能使学生在高强度的竞技环境中保持出色的表现。专项耐力素质练习可以分为专项有氧耐力练习和专项肌肉耐力练习（表 3.7）。

表 3.7　专项耐力素质的练习类型和常用练习内容

身体素质类型	练习类型	常用练习内容
专项耐力素质	专项有氧耐力练习	基本步伐组合持续练习 基本步伐加难度动作间歇练习 成套架子持续练习 成套分段间歇练习
	专项肌肉耐力练习	肩带肌耐力练习 腰腹肌耐力练习 髋腿肌耐力练习 踝关节肌耐力练习

（一）常用专项有氧耐力练习

专项有氧耐力的常用练习方法主要包括基本步伐组合持续练习、基本步伐加难度动作间歇练习、成套架子持续练习、成套分段间歇练习等。

1. 基本步伐组合持续练习

主要围绕基本步伐,辅以简单的上肢动作,持续进行 5~8 分钟的练习。

2. 基本步伐加难度动作间歇练习

在基本步伐的基础上,融入不同难度的动作,每组练习时间控制在 5~7 分钟,每组之间的休息时间为 4~5 分钟。

3. 成套架子持续练习

重复进行比赛所需的整套动作练习,每次练习 4~5 套,整体练习时间维持在 5~7 分钟。

4. 成套分段间歇练习

将整套动作分为前后两部分,例如在一套约 1 分 20 秒的动作中,前半部分完成动作,后半部分用跑跳步代替,或者反之。每次完成 3 组,循环 3 次,每组之间的休息时间仍为 4~5 分钟。

(二) 常用专项肌肉耐力练习

专项肌肉耐力的常用练习方法有肩带肌耐力、腰腹肌耐力、髋腿肌耐力、踝关节肌耐力练习等。

1. 肩带肌耐力练习

对于肩带肌的耐力训练,主要采用上肢基本手位组合的反复练习。每组动作以 2×8 拍为一个周期,且每组至少完成 12 次,整组完成时间需超过 15 秒。

2. 腰腹肌耐力练习

腰腹肌的耐力训练主要采用平板支撑时上下前后的移动动作。同样,每组动作以 2×8 拍为一个周期,并确保每组完成至少 12 次,整体完成时间应保持在 15 秒以上。

3. 髋腿肌耐力练习

为了增强髋腿肌的耐力,可以采用踢、吸、控的组合动作。每组动作也按照 2×8 拍的节奏进行,至少完成 12 次,并确保整组动作在 15 秒内完成。

4. 踝关节肌耐力练习

踝关节肌的耐力训练主要通过踝关节的提踵动作来实现。每组动作按照 2×8 拍的节奏进行,并至少完成 12 次,整组动作的完成时间也应控制在

15秒以上。

三、专项速度素质练习

速度是健美操技术的核心要素,贯穿于挥摆、屈伸、蹬伸、踢劈等动作中,对于提升身体素质至关重要。健美操的速度素质可根据技术特点进行分类,在操化技术中,它表现为感知反应速度、路线移动速度和动作发力速度;而在难度技术中,则涵盖推撑速度、蹬伸速度、屈伸速度和拧转速度(表3.8)。

表3.8 专项速度素质的操化和难度技术分类

身体素质类型	分类类型	常用练习内容
专项速度素质	操化技术	动作发力速度 路线移动速度 感知反应速度
	难度技术	推撑速度 蹬伸速度 屈伸速度 拧转速度

速度素质练习在健美操运动中,可被看作是肌肉在进行快速伸缩,因为在健美操的操化、难度、技巧、过渡连接动作等方面,都需要身体肌肉的快速伸缩才能完成。通过改变练习的单个间歇时间和组间间歇时间,结合健美操专项练习,可以有效地改善身体的肌力和爆发力。健美操速度素质练习可分为上肢练习、下肢练习和躯干练习(表3.9)。

表3.9 专项速度素质的身体部位分类和常用练习内容

身体部位	常用练习内容
上肢练习	俯卧撑上垫 夹肘俯卧撑推起开肘上垫
下肢练习	跳垫子 跳深+姿态跳

续 表

身体部位	常用练习内容
躯干练习	仰卧折叠 俯卧折叠 乌龙绞柱 俄罗斯转体

(一) 常用上肢速度练习

专项上肢速度的常用练习方法有俯卧撑上垫、夹肘俯卧撑推起开肘上垫等。

1. 俯卧撑上垫

原地俯卧撑下推,推起时使用爆发力向上推起,腾空后双手上垫,循环练习。在动作完成时,使用爆发力完成腾空。

2. 夹肘俯卧撑推起开肘上垫

俯卧于两块垫子间,完成夹肘俯卧撑下推动作,推起时运用爆发力,腾空后双手呈开肘状俯卧撑上垫。

(二) 常用下肢速度练习

常用的下肢速度练习包括跳垫子、跳深与姿态跳组合等。

1. 跳垫子

站立于高垫子上,双脚并拢起跳后落至地面,紧接着再次起跳上高垫,过程中需确保大腿充分蹬地。

2. 跳深+姿态跳组合

同样从高垫子起跳,落地后立即进行原地姿态跳,如团身跳、屈体分腿跳或科萨克跳,起跳时大腿仍需充分蹬地。

(三) 常用躯干速度练习

常用的躯干速度练习包括仰卧折叠、俯卧折叠、乌龙绞柱和俄罗斯转体等。

1. 仰卧折叠

从仰卧开始,以髋关节为折叠点,上体与下肢靠拢后还原。折叠姿态可多样,如团身、并腿屈体等。折叠时腹肌收缩,上下体尽量贴近。

2. 俯撑折叠

双手撑于垫子,从俯卧撑准备姿态开始,下压时以髋关节为折叠点,臀部上提,脚尖触及垫子后还原。折叠时腹肌收缩,臀部尽量上提。

3. 乌龙绞柱

以左腿在前半劈腿坐于地面开始,上体直立,双手放两侧,身体后倒成仰卧的同时,以髋关节为轴,双腿依次绕环360°,成右腿在前半劈腿坐;转动时腰部带动腿部,双腿沿水平面绕动。

4. 俄罗斯转体

坐在垫子上,将双腿并拢并稍微弯曲,保持上体与大腿之间形成V字形。背部需保持直立,双臂伸直并置于身体前方,双手紧密靠拢。接下来,将上体先向右侧尽可能转动到极限,然后再转向左侧。注意:在转动过程中要使用腰部力量带动身体拧转。

四、专项柔韧素质练习

良好的柔韧素质意味着身体肌肉、关节和韧带等组织具备优秀的伸展和弹性能力。在健美操中,上肢的挥摆以及下肢的踢腿、控腿、劈叉和大跳等动作,都高度依赖于柔韧素质。柔韧素质不仅能提升运动幅度、动作速度和动作力量,还能显著降低运动损伤的风险。因此,在提升健美操技术水平方面,柔韧素质起着关键性的作用。为了提高柔韧素质,健美操训练中经常采用压、拉、吊、转环、体转、体前屈和体后屈等方法,对手腕、肩部、胸部、腰部、髋部、腿部、膝关节和踝部进行专门的柔韧练习。常用练习内容如下表(表3.10)。

表3.10 专项柔韧素质的练习部位和常用练习内容

身体素质类型	练习部位	常用练习内容
专项柔韧素质	手腕练习	压腕 勾、绷、腕绕环组合
	肩部练习	压肩 转肩

续 表

身体素质类型	练习部位	常用练习内容
专项柔韧素质	胸部练习	压胸 振胸
	腰部练习	压腰 下腰
	髋、腿部练习	压腿 搬腿 踢腿 髋绕环 转髋 劈腿 体前屈
	膝关节练习	压膝关节 绷膝关节
	踝部练习	压脚背

(一)常用手腕柔韧练习

专项手腕柔韧的常用练习方法有压腕、勾、绷、腕绕环等。

1. 压腕

以俯卧支撑为例,练习者双手与肩同宽撑地,双脚并拢形成俯卧直臂支撑姿势。五指向前,向前移动肩部重心5～10秒后回到原位,重复进行这一动作。在此过程中,注意两脚发力要均匀,肩部移动要平稳,并确保肩部超过手腕的位置。

2. 勾、绷、腕绕环组合(2×8拍组合)

1×8拍:1—4拍五指并拢,掌心向下,手腕向上勾起至最大幅度;5—8拍则手腕向下绷至最大幅度。

2×8拍:以手腕为轴,1—4拍手掌向外绕环一周,5—8拍向内绕环一周。整个过程中,需保持沉肩,两手水平,且主要依赖手腕发力。重复练习以增强效果。

(二)常用肩部柔韧练习

专项肩部柔韧的常用练习方法有压肩、转肩等。

1. 压肩

在压肩练习中,以跪地压肩为例,练习者双膝跪地,肘关节以下置于保护垫上,双臂与肩同宽,然后缓慢下压肩部使其触地。注意:肩部要放松。

2. 转肩

练习者两腿分开直立,双手打开与肩同宽,抓住木棍进行前后翻转。随着练习的深入,可逐渐缩小双手间的距离,但整个过程中需保持肩部放松,并在直臂状态下完成转动。

(三)常用胸部柔韧练习

专项胸部柔韧的常用练习方法有压胸、振胸等。

1. 压胸

练习者面对墙壁,双手上举扶墙,身体前倾,抬头挺胸并尽量使胸部贴于墙面。注意:在此过程中手、脚位置保持不变,并在胸部发力前压时呼气。

2. 振胸

练习者站立时两腿分开,双臂先向前举起至侧平举位置,然后迅速向后振动;接着,双臂再向前举至头顶上方,并继续向后振动。整个过程中,需快速发力,确保手臂与胸部形成对抗力,循环进行此动作。

(四)常用腰部柔韧练习

专项腰部柔韧的常用练习方法有压腰、下腰等。

1. 压腰

练习者俯卧在地,此时辅助人员轻轻地将练习者的上半身提升至大约90度角的位置,接着,练习者放松腰部并向下施加压力。随着熟练度的提升,可以尝试逐渐缩小手脚之间的距离。在整个过程中,练习者应从远端开始,缓慢地向近端进行,并在压腰的同时呼气,以确保动作流畅。

2. 下腰

首先,练习者需保持身体直立,双腿分开与肩同宽,同时双臂上举。随后,练习者需抬头并向后弯曲腰部,直至双手能够支撑地面。在下腰的过程中,应按照头、胸、腰的顺序逐步弯曲,同时胯部略微向前顶出,以保持身体的稳定性。辅助人员需在旁协助,确保练习者的安全。完成动作时,练习者需保持抬头、开肩、顶髋的姿势,并尽量缩小手脚之间的距离。

(五) 常用髋、腿部柔韧练习

专项髋、腿部柔韧的常用练习方法有压腿、搬腿、踢腿、髋绕环、转髋等。

1. 压腿

以纵劈腿收展(主动压腿)练习为例:练习者可以将前腿脚踝放置在保护垫上,同时将后腿膝关节也放在垫上;接着,两腿需尽量分开至最大限度,并保持此姿势1~2分钟;随后,进行向下振动的动作,振动次数可在50~100次之间,且振动幅度可逐渐增大。在此过程中,须注意后腿膝盖应朝下,并尽量开髋,以达到最佳的拉伸效果。

2. 搬腿

以扶把搬后腿为例:练习者需保持主力腿站立,并用双手扶住辅助工具;随后,动力腿伸直,并在辅助下向后抬起至最大限度,保持一段时间。在此过程中,须确保主力腿伸直,同时开髋,身体保持正直,以确保练习的有效性。

3. 踢腿

以原地踢腿为例:主力腿需稳固站立,双臂侧平伸直;摆动腿从后点地开始,向前方迅速上踢。在此过程中,须确保身体挺直,主力腿伸直,摆动腿进行快速上踢与下压动作。

4. 髋绕环

以仰卧向外绕环为例:一腿伸直,另一腿抬起向外绕至侧方,再沿地面向下伸直膝盖至双腿并拢。内绕环则动作相反。练习时,保持髋关节放松,增大绕动幅度。

5. 转髋

以纵叉转髋为例:先纵劈叉至极限,双臂伸直;稍后转髋180°,换另一侧劈叉,再转回。重复4~6次。注意:转髋须流畅,尽量直线完成,转体后髋关节应正对前方。

6. 劈腿

以垂直跳成纵劈腿为例：站立，双手下垂；并腿垂直跳起后，落成纵劈腿姿势，双手撑地。注意：起跳时控制姿态，落叉时腿部内侧肌肉收紧，落地时双手撑地缓冲。

7. 体前屈

以并腿体前屈为例：首先直膝勾脚坐于垫上，双手抓住脚尖；然后进行抬头挺胸伸拉动作，保持10～15秒；接着绷脚、低头含胸，保持3～5秒。此动作需反复练习10～20次，最后使胸和头部尽量贴近腿部，停留30～60秒。练习过程中，抬头挺胸时身体应尽量向腿部靠拢，低头时则需尽量收腹含胸。

（六）常用膝关节柔韧练习

专项膝关节柔韧的常用练习方法有压膝关节、绷膝关节等。

1. 压膝关节

练习者需坐于地面，双腿平放在保护垫上，辅助者则用手轻轻施加压力于其膝关节上方，确保练习者两腿并拢且膝关节朝上，以此进行下压动作。

2. 绷膝关节

练习者坐于地面，双腿并拢，通过股四头肌的发力使膝关节绷直，持续5～10秒后放松，重复多次。注意：在绷起时，脚跟须离地。

（七）常用踝部柔韧练习

专项踝部柔韧的训练常采用压脚背的练习方式。

压脚背

双膝跪地，脚背置于保护垫上，身体向后仰卧至脚跟处，确保脚背朝下，两脚及两膝紧密贴合，并在仰卧时保持挺胸抬头的姿势。

五、专项灵敏素质练习

专项灵敏素质是指个体在特定运动项目中，针对专项需求及适应外部环境变化所表现出的能力。在竞技健美操比赛中，参赛者所展现出的成套动作的协调性和操练水平，正是其灵敏素质的直接体现。良好的灵敏素质能够提升学生的协调能力，使其在训练中能够更灵活地运用身体各关节部位,从而提升整体运动表现。在健美操专项练习中,灵敏素质主要包括空间感和时间感两方面。常用练习内容如下表(表3.11)。

表3.11 专项灵敏素质的分类和常用练习内容

身体素质类型	分 类	常用练习内容
专项灵敏素质	空间感	空间层次变化组合 轴与面变化组合 运动方位组合
	时间感	击掌打节奏练习组合 变奏手臂发力组合 变奏步伐组合 动作顺序练习组合

(一) 空间感

健美操空间感专项灵敏素质的常用练习方法有空间层次、轴与面变化组合、运动方位组合等。

1. 空间层次变化组合

预备:以并腿坐立姿势开始。

1×8拍:1—2拍屈腿仰卧于地面,双臂侧平扶地;3—4拍上体保持姿态,脚下小碎步向左转体90°;5—6拍躯干屈体分腿折叠;;7—8拍转身成俯卧趴于地面。

2×8拍:1—2拍跪起,左手扶地右手扶膝;3—4拍上体直立半跪,左手臂侧平举亮相;5—6拍双手扶膝半蹲;7—8拍还原站立。

3×8拍:1—2拍并腿立踝,双臂上举;3—4拍双脚打开与肩同宽,手臂侧平举;5—8拍小碎步平转360°,手臂背于腰后。

4×8拍:1—2拍开合跳;3—4拍小分腿跳,双臂斜上举;5—8拍上步屈体分腿跳。

2. 轴与面变化组合

预备:以站立姿态开始。

1×8拍:1—4拍平转360°;5—8拍侧手翻,还原并腿站立。

2×8拍：1—4拍并腿前滚翻落地成右腿单膝跪地；5—8拍侧滚动成盘腿坐。

3×8拍：1—4拍后滚翻踹腿成左腿在前,半劈腿坐于地面；5—8拍乌龙绞柱。

4×8拍：1—2拍向左坐转180°；3拍右腿屈曲腿仰卧于地面；4拍仰卧大踢腿；5—6拍盘腿坐起；7—8拍还原站立姿态。

3. 运动方位组合

预备：面对1点方向,以站立姿态开始。

1×8拍：1—4拍面对1点方向,立踝小跳4次；5—6拍开合跳向右转体180°,面向5点方向；7—8拍开合跳向右转体90°,面向7点方向。

2×8拍：1—4拍面对7点方向,侧踢腿跳4次；5—8拍向右90°面对1点方向,吸腿跳2次。

3×8拍：1—4拍向左转体45°,面对8点方向弓步跳2次后再左转90°；5—8拍面对6点方向后踢腿跳4次。

4×8拍：1—4拍向左转体90°,面对4点方向弓步跳2次后再左转90°；5—7拍面对2点方向弹踢腿2次；8拍面对1点方向还原站立姿态。

(二) 时间感

健美操时间感专项灵敏素质的常用练习方法有击掌打节奏练习组合、变奏手臂发力组合、变奏步伐组合、动作顺序练习组合等。

1. 击掌打节奏练习组合

预备：以站立姿态开始。

1×8拍：一拍击一次掌,1、2、3、4、5、6、7、8拍共击掌8次。

2×8拍：在1—2拍、3—4拍、5—6拍、7—8拍之间加哒拍,两拍击3次掌,共击掌12次。

3×8拍：在1、3、4、5、7、8拍击掌,共击掌6次。

4×8拍：1—4拍,一拍击掌一次,1、2、3、4拍共击掌4次；5—8拍,在5—6—7—8拍之间都加哒拍。

2. 变奏手臂发力组合

预备：双手握拳,胸前屈臂交叉举,双脚分开与肩同宽,以立踝姿态开始。

1×8 拍：1—2 拍双臂发力至斜上举；3—4 拍回到预备姿态；5—6 拍双臂发力至斜下举；7—8 拍回到预备姿态。

2×8 拍：1 拍左手发力至斜上举；2 拍右手发力至斜上举；3 拍左手回到预备姿态；4 拍右手回到预备姿态；5 拍左手发力至斜下举；6 拍右手发力至斜下举；7 拍左手回到预备姿态；8 拍右手回到预备姿态。

3×8 拍：1 拍双臂发力至侧平举，1 哒拍双臂屈臂侧平举；2 拍双臂发力至侧平举；3—4 拍回到预备姿态；5 拍双臂上举；6 拍双臂侧平举；7 拍双臂下举；8 拍回到预备姿态。

4×8 拍：1 拍左手屈臂发力至斜上举，1 哒拍右手屈臂发力至斜上举；2 拍回到预备姿态；3 拍左手屈臂发力至侧平举，3 哒拍右手屈臂发力至侧平举；4 拍回到预备姿态；5 拍左手屈臂发力至斜下举，5 哒拍右手屈臂发力至斜下举；6 拍回到预备姿态；7 拍左手屈臂发力至前平举，7 哒拍右手屈臂发力至前平举；8 拍回到预备姿态。

3. 变奏步伐组合

预备：以站立姿态开始。

1×8 拍：两拍一动开合跳 2 次。

2×8 拍：1—4 拍弓步跳 2 次；5—8 拍吸腿跳 2 次。

3×8 拍：1—4 拍侧踢腿跳 2 次；5—8 拍侧踢腿跳 4 次。

4×8 拍：1 拍开合跳，1 哒拍双脚并腿腾空；2 拍开合跳；3 拍左腿侧踢腿跳，3 哒拍右腿侧踢腿；4 拍跳回站立姿态；5 拍左脚前踢腿跳，5 哒拍右脚后踢腿跳；6 拍左脚前踢腿跳，6 哒拍右脚前踢腿跳；7 拍左脚后踢腿跳，7 哒拍右脚前踢腿跳；8 拍跳回站立姿态。

4. 动作顺序练习组合

预备：两腿开立，双臂斜下举。

1×8 拍：1—2 拍右肩与右腿向内绕环；3—4 拍右肩与右腿向外绕环，回到准备姿态；5—6 拍左肩与左腿向内绕环；7—8 拍左肩与左腿向外绕环，回到准备姿态。腿部绕环依次按踝—膝—髋的顺序进行。

2×8 拍：1—2 拍左手手臂波浪至上举，右手下举；3—4 拍右手手臂波浪至上举，左手手臂波浪至下举；5—6 拍左手手臂波浪至上举，右手手臂波浪至下举；7—8 拍手臂波浪成两臂侧平举。手臂波浪依次按肩—肘—手腕—手指的顺序进行。

3×8 拍：1—4 拍胸腰从左至右绕环；5—8 拍两手胸前交叉后手臂波浪打开至侧平举。

4×8 拍：1—4 拍胸腰从右至左绕环；5—8 拍两手胸前交叉后手臂波浪打开至侧平举，收右脚收手。

5×8 拍：1—6 拍全身波浪，从身体到双臂，从下向上，依次按踝—膝—髋—腰—胸—肩—肘—手腕—手指的顺序进行；7—8 拍两手上举。

6×8 拍：1—6 拍全身波浪，从双臂到身体，从上到下，依次按肩—肘—手腕—手指—胸—腰—髋—膝—踝的顺序进行；7—8 拍两脚开立，两手上举。

7×8 拍：1—4 拍全身侧向波浪，从左向右后两手上举；5—8 拍手臂做波浪上下移动。

8×8 拍：1—4 拍全身侧向波浪，从右向左后两手上举；5—8 拍手臂做波浪向下移动后还原成站立姿态。

第三节　高中健美操身体练习的注意事项

一、根据学生实际情况，科学设计练习方案

学生是练习的主体，一切练习方案均应与学生身体素质实际情况相符合。教师应采用具有诊断性的评价方法，明确学生在练习开始前身体素质的实际情况，掌握不同学生存在的个体差异和特点，了解其可承受的最大运动负荷，使学生通过科学合理的练习提高身体机能，增强力量、耐力、柔韧性等身体素质，灵活自如地展示规范的健美操成套动作；同时利用较高难度的专项身体练习，培养和提升学生的自信心及勇于展现自我的底气，促使学生养成自主身体素质练习的习惯。对于教师而言，善于观察学生、主动纠错并及时调整练习方案也是十分重要的任务。教师需要时刻关注学生在身体练习过程中的表现，记录不同学生的薄弱点，制订有针对性的素质训练计划并予以实施，补齐学生身体素质短板，推动学生全面发展。

在高中阶段,健美操身体练习方案的制定还要注意立足于体育与健康学科的三大核心素养,强调学生在提高一般身体素质和专项身体素质的同时,兼顾运动能力、健康行为和体育品德的发展。首先教师应明晰方案制定的总体目标,再根据核心素养将总体目标分解为周期性、年度性的训练目标,然后提供合理有效的练习方法,以确保阶段性目标的达成。

二、合理控制组合与时间,促进素质全面发展

健美操运动本身就是以组合的形式展示给观众欣赏的,这意味着对练习方法的选择也需要采取多样化的组合方式。丰富的练习过程可以激发学生的练习兴趣,防止因内容单调枯燥而引起学生的厌烦和逃避。例如,在一次练习过程中,可以以静态练习的单脚支撑站立、平板支撑等手段锻炼学生的平衡能力与和核心肌群,再以动态练习的瑜伽球、负重仰卧起坐等手段锻炼学生的身体姿态和腹直肌力量。

同时,教师对练习时间的把控也十分重要。首先,体能练习对于学生而言具有一定的挑战性,较长时间的练习既给学生身体机能以较大的负荷压力,又考验其意志力的坚定性,那么对练习的总时长就需要根据学生的身体特点作出调整。其次,间歇时间是给学生肌体提供休息和恢复的过程,一次高效的练习之后,需要让学生的身体机能尽可能地保持在较好的运动状态,从而规范地完成整个练习内容,因此,保持间歇时间与运动时间的合适比例是教师应当重视的一点。

在进行健美操运动身体练习的设计时,始终要保证学生身体素质的全面发展。健美操运动不仅依靠身体的灵活性、协调性以及柔韧性,还需要具备较强的运动机能,利用强健的身体支撑起高难度成套动作的展示,身体练习的设计须聚焦于帮助学生更好地学习和掌握健美操技术动作。

三、遵循身心发展规律,避免运动损伤发生

艺术性是健美操运动的特点,其每一个动作都可能左右成套动作的展示效果,与此同时,成套动作又具有一定的运动负荷,对学生的身体机能提出了较高的要求。在安排身体素质练习的过程中,应充分考虑学生实际的体能基础,由易到难,逐步加大练习难度,确保运动负荷与学生的承受能力

相符合；并且教师在整个过程中要始终引导学生科学练习，时刻观察学生在练习过程中的表现，如学生出现不适或完成度较低的情况，应及时叫停并调整练习内容，以确保学生身心的健康发展。

目前中小学生的体质健康水平呈下行趋势，高中生对运动锻炼的意识较为薄弱，可能无法匹配该阶段所应具备的身体素质，甚至有的学生身体处于亚健康状态；在这样的情况下，教师对体能练习内容的实施需要格外重视。在练习开始前，一定要保证学生有足够的时间开展热身活动，以提前调动身体各器官功能，降低肌肉黏滞性，为接下来正式内容的练习做好充足的准备；在练习过程中要坚持适度原则，不强求学生高规格完成较难的技术动作，防止学生作出危险动作，避免意外事故的发生。

健美操运动的一般身体练习和专项身体练习方法种类较多，本书仅列举了部分练习方法；在实际教学中，教师和学生可以根据自身情况，选择合适有效的教学方法和练习手段。

高中健美操套路

第一节 徒手健美操

徒手健美操作为一种无须器械的运动形式,是健美操中最为普及和最为主要的一个类别。它不仅可以站立进行,还可以在行走、奔跑、坐姿甚至卧姿中练习,表现出极大的灵活性和适应性。其独特之处在于"人为性",即人们可以根据自身需求创造并练习各种动作。练习者通过调整身体姿态以及动作方向、路线、频率、速度和节奏,可以达到增强体质的效果,充分体现了其多样性和实用性。

本节介绍4个徒手健美操组合成套动作。

一、组合(A)图解

(一) 第一个八拍图解

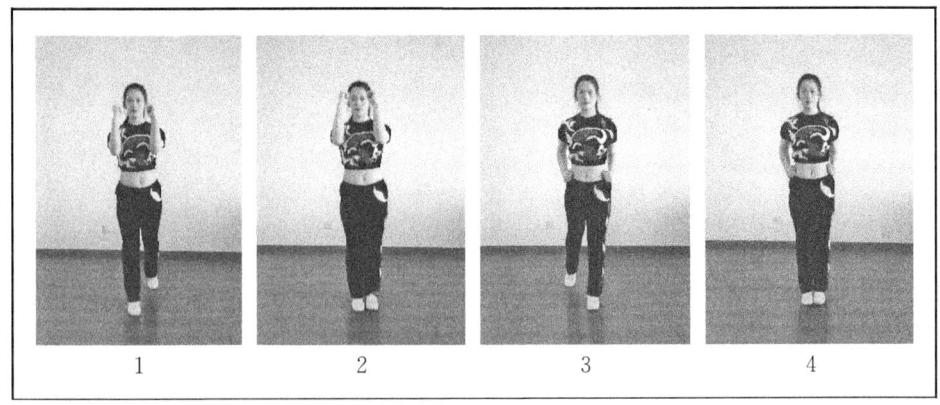

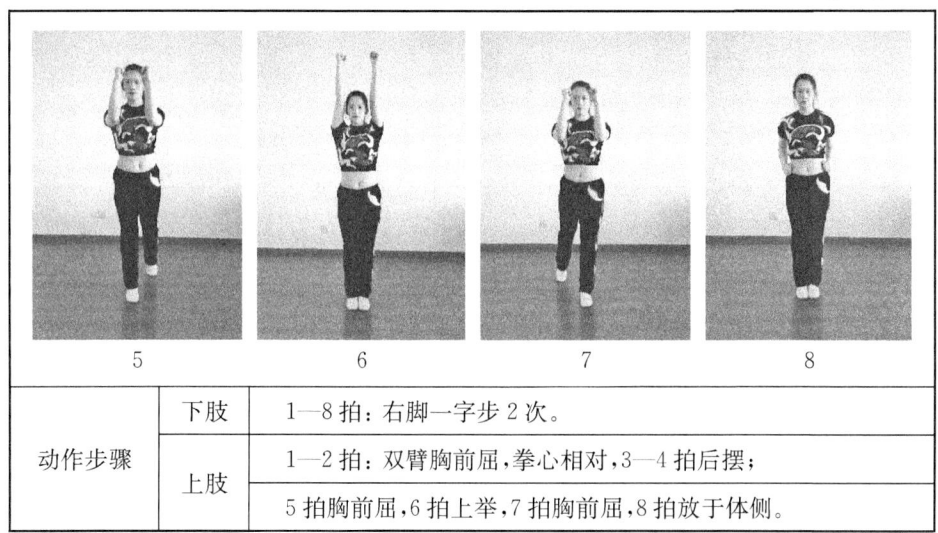

动作步骤	下肢	1—8拍：右脚一字步2次。
	上肢	1—2拍：双臂胸前屈，拳心相对，3—4拍后摆；5拍胸前屈，6拍上举，7拍胸前屈，8拍放于体侧。

（二）第二个八拍图解

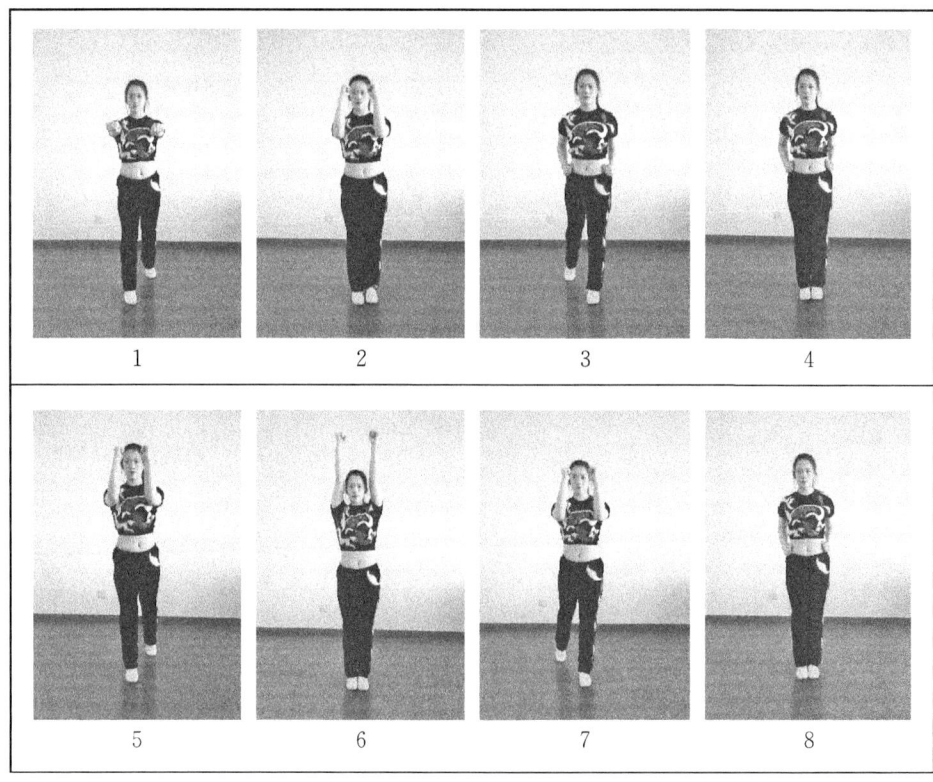

续 表

动作步骤	下肢	1—8拍：右脚一字步2次。
	上肢	1—4拍：吸腿时击掌；
		5—8拍同1—4拍。

（三）第三个八拍图解

1	 2	 3	 4
 5	 6	 7	 8

动作步骤	下肢	1—8拍：侧并步4次。
	上肢	1拍：右臂肩侧屈，2拍：还原，3拍：左臂肩侧屈，4拍：还原；
		5拍：双臂胸前平屈，6拍：还原，7—8拍同5—6拍。

(四) 第四个八拍图解

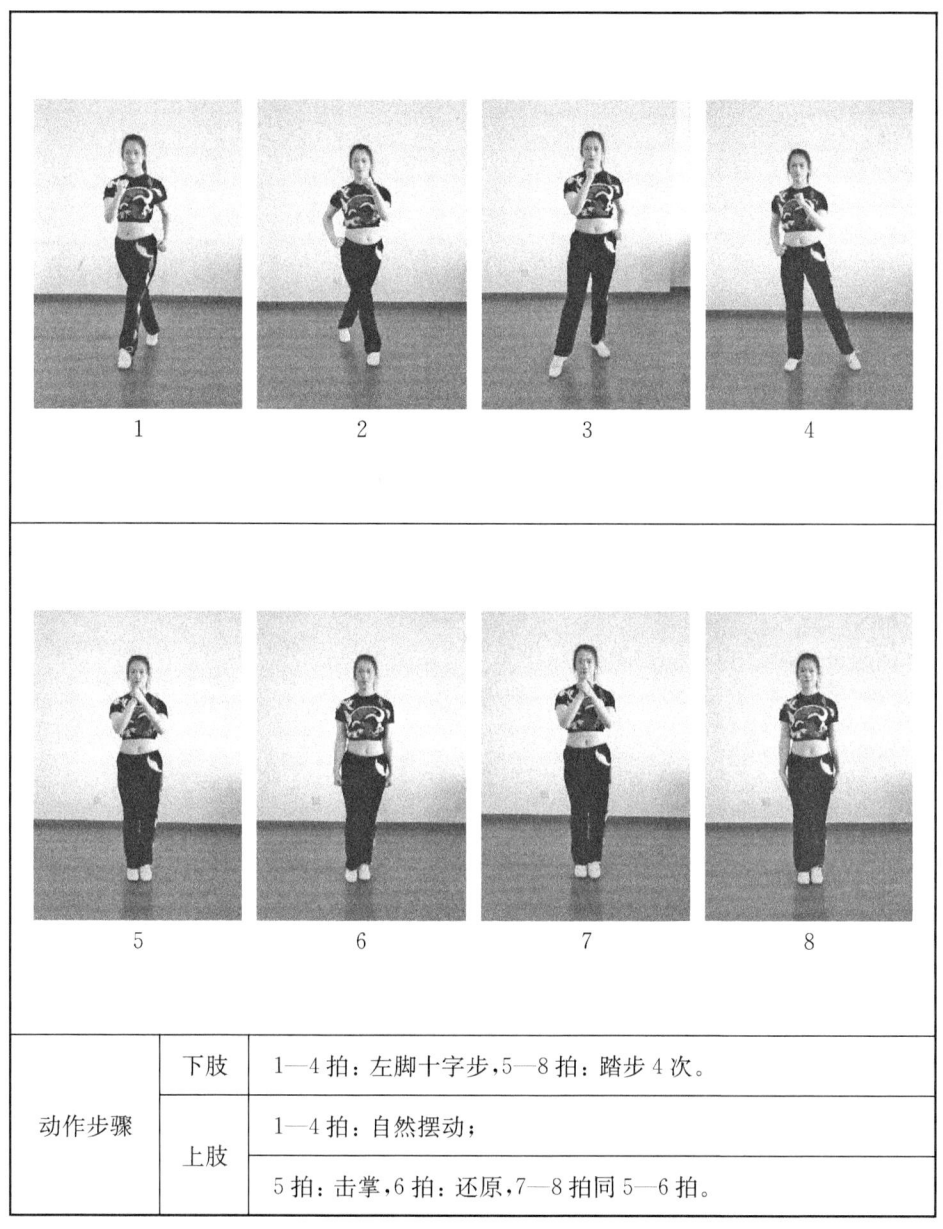

动作步骤	下肢	1—4拍：左脚十字步，5—8拍：踏步4次。
	上肢	1—4拍：自然摆动；
		5拍：击掌，6拍：还原，7—8拍同5—6拍。

第五至第八个八拍动作相同,但方向相反。

二、组合(B)图解

(一)第一个八拍图解

1　　　2　　　3　　　4

5　　　6　　　7　　　8

动作步骤	下肢	1—8拍：右脚开始前点地4次。
	上肢	1拍：双臂屈臂右摆,2拍：还原,3拍：双臂屈臂左摆,4拍：还原;
		5拍：右摆成右臂侧斜上举,左臂胸前平屈,6拍：还原,7—8拍同5—6拍,但方向相反。

(二) 第二个八拍图解

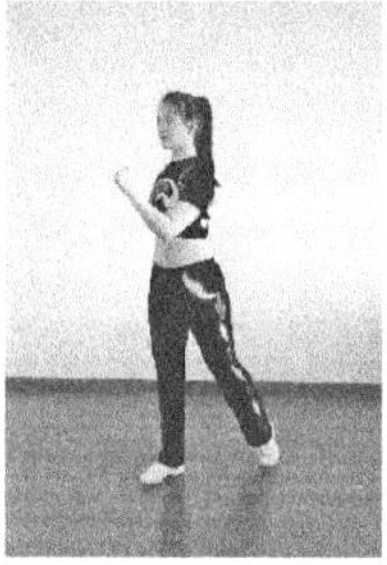
1

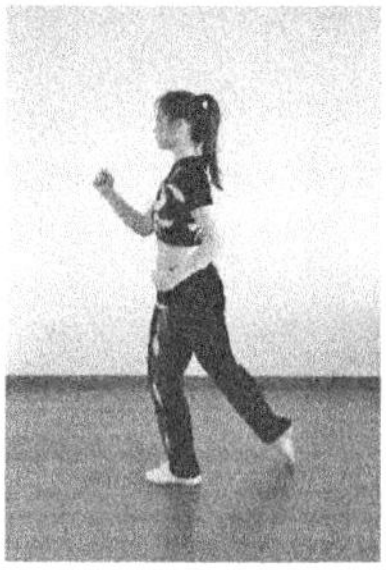
2

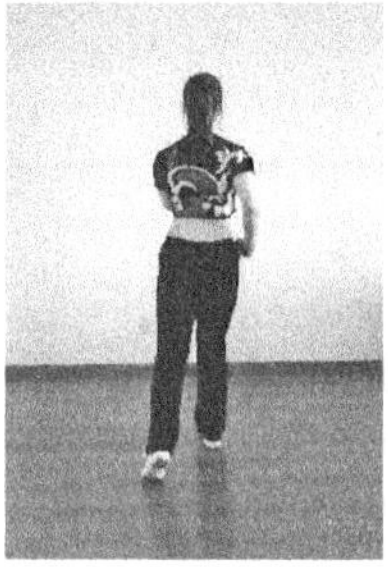
3

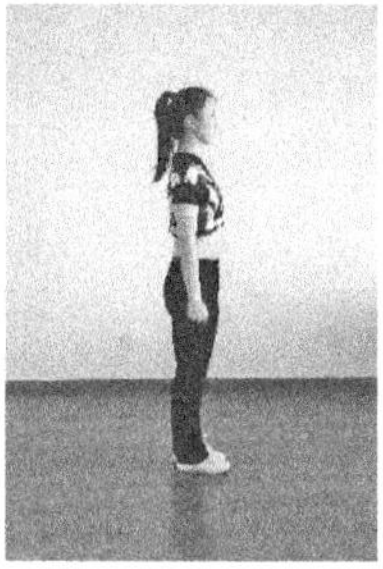
4

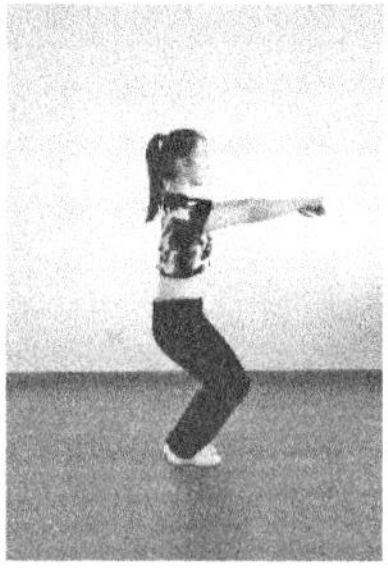
5

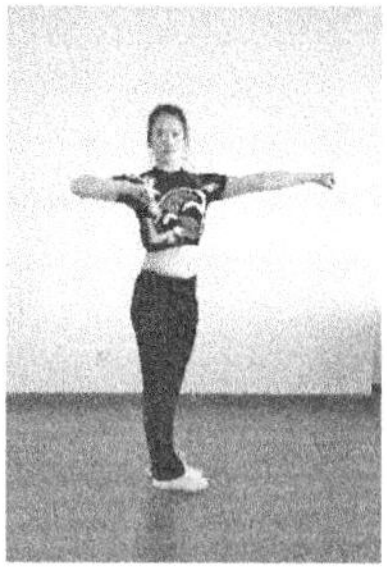
6

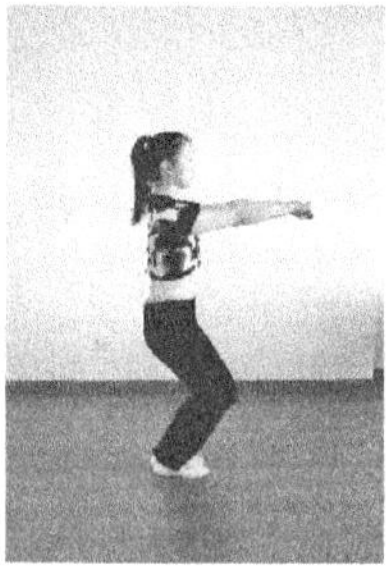
7

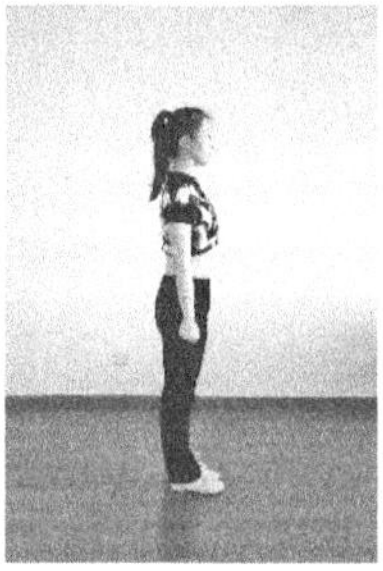
8

动作步骤	下肢	1—4 拍：向右弧形走 270°，5—8 拍，并腿半蹲 2 次。
	上肢	1—4 拍：自然摆动；
		5 拍：双臂前举，6 拍：右臂胸前平屈(上体右转)，7 拍：双臂前举，8 拍：放于体侧。

(三) 第三个八拍图解

1

2

3

4

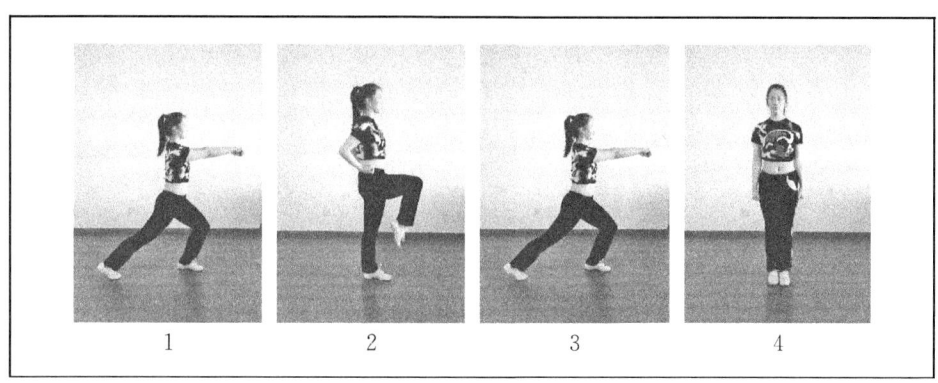

续 表

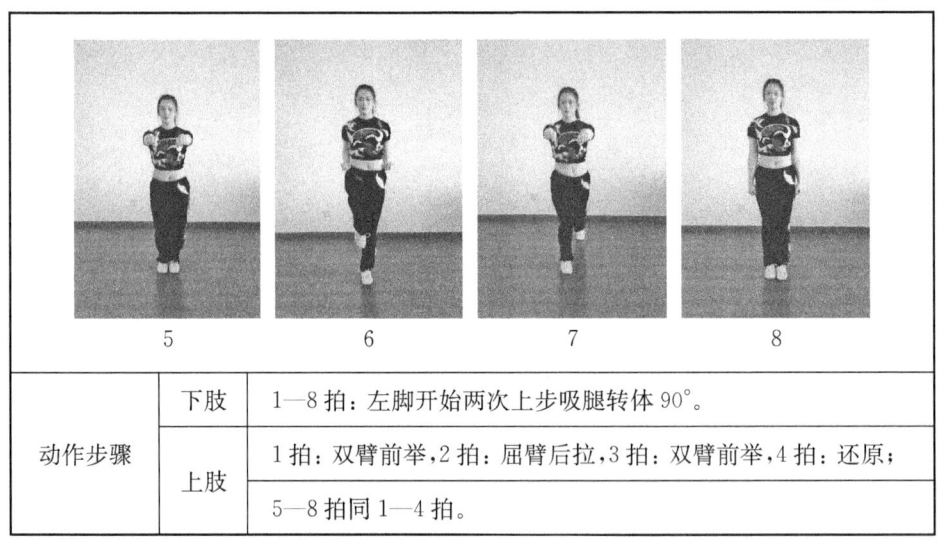

动作步骤	下肢	1—8拍：左脚开始两次上步吸腿转体90°。
	上肢	1拍：双臂前举，2拍：屈臂后拉，3拍：双臂前举，4拍：还原；
		5—8拍同1—4拍。

（四）第四个八拍图解（略）

动作步骤	下肢	1—8拍：上步后屈腿。
	上肢	1—8拍：自然摆动，向前时胸前交叉。

第五至第八个八拍，动作相同，但方向相反。

三、组合（C）图解

（一）第一个八拍图解

续 表

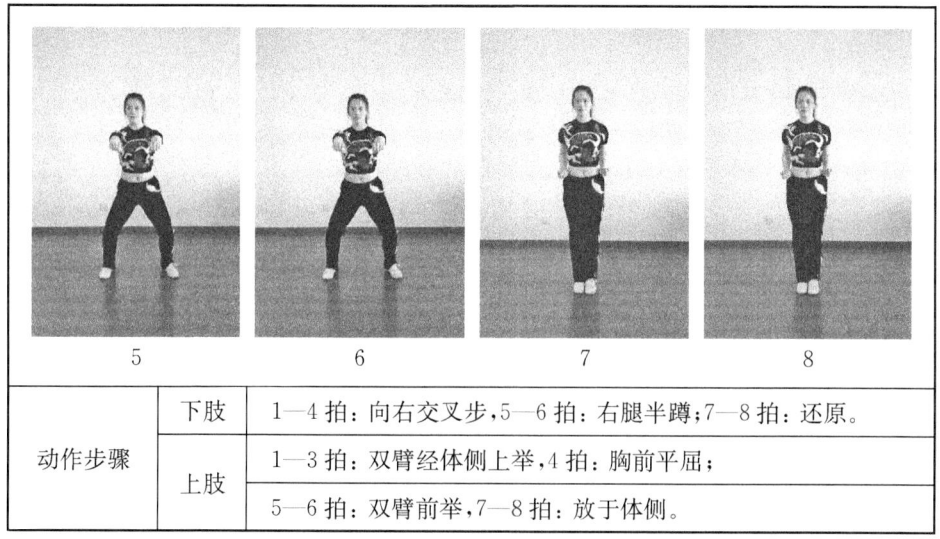

动作步骤	下肢	1—4拍：向右交叉步，5—6拍：右腿半蹲；7—8拍：还原。
	上肢	1—3拍：双臂经体侧上举，4拍：胸前平屈；
		5—6拍：双臂前举，7—8拍：放于体侧。

（二）第二个八拍图解

续 表

动作步骤	下肢	1—4拍：侧点地4次。
	上肢	1拍：右臂左前举，左臂屈肘于腰际，2拍：双臂屈肘于腰际，3—4拍同1—2拍，但方向相反；
		5—8拍同1—2拍，重复2次。

（三）第三个八拍图解

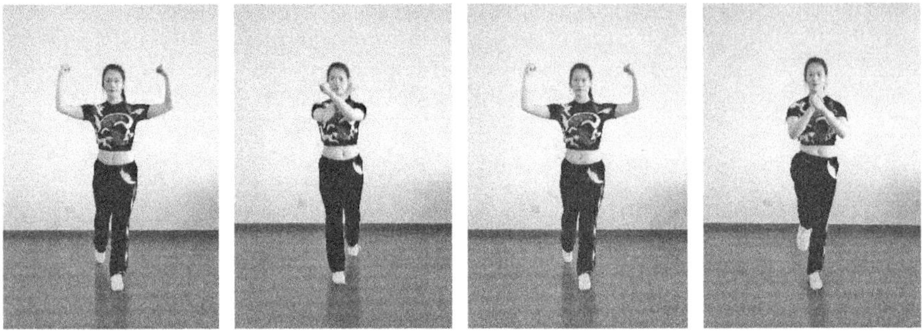

1	2	3	4
5	6	7	8

动作步骤	下肢	1—4拍：左腿开始向前走3步+吸腿3次。
	上肢	1拍：双臂肩侧屈，2拍：胸前交叉，3拍同1拍，4拍击掌；
		5拍肩侧屈，6拍腿下击掌，7—8拍同1—2拍。

(四) 第四个八拍图解(略)

动作步骤	下肢	1—4拍：右腿开始向后走3步＋吸腿3次。
	上肢	1拍：双臂肩侧屈，2拍：胸前交叉，3拍同1拍，4拍击掌；
		5拍肩侧屈，6拍腿下击掌，7—8拍同1—2拍。

第五至第八个八拍，动作相同，但方向相反。

四、组合(D)图解

(一) 第一个八拍图解

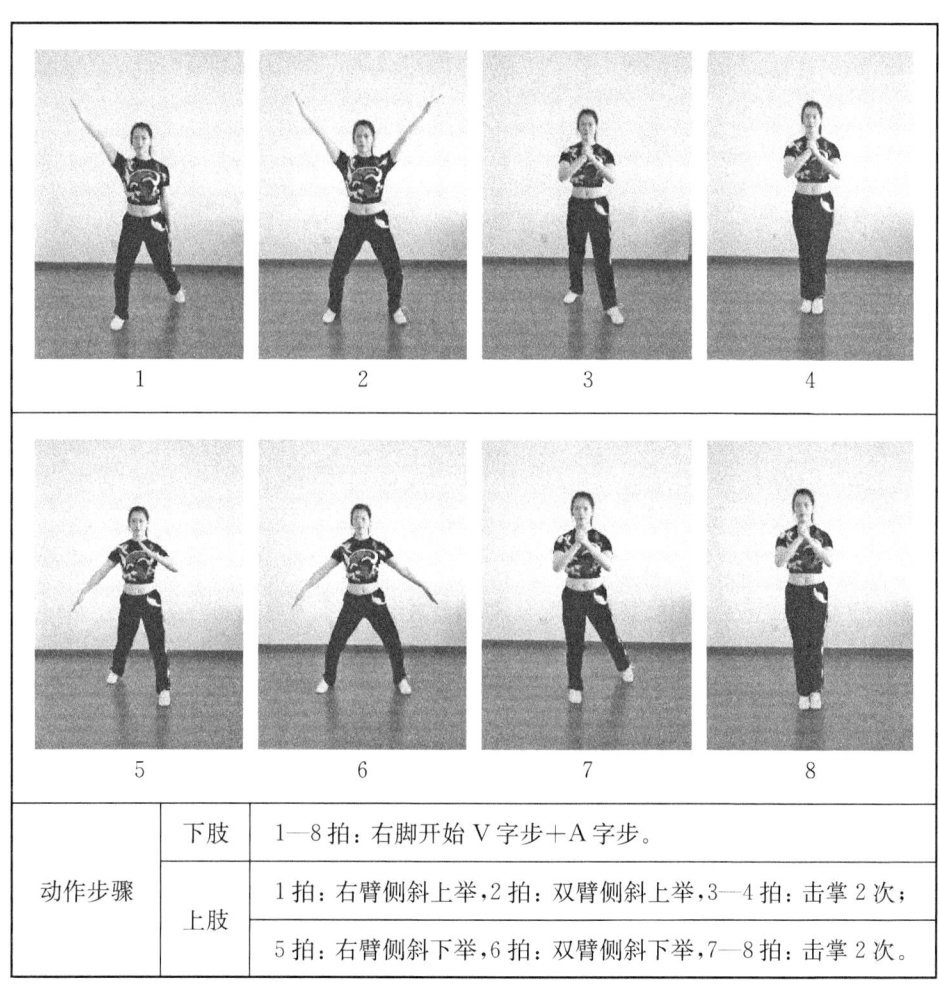

动作步骤	下肢	1—8拍：右脚开始V字步＋A字步。
	上肢	1拍：右臂侧斜上举，2拍：双臂侧斜上举，3—4拍：击掌2次；
		5拍：右臂侧斜下举，6拍：双臂侧斜上举，7—8拍：击掌2次。

(二) 第二个八拍图解

1

2

3

4

5

6

7

8

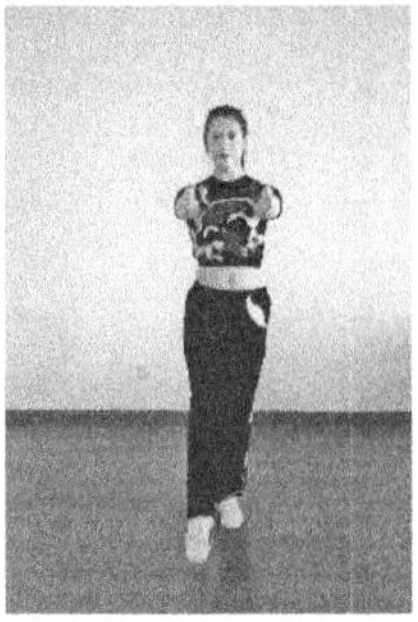

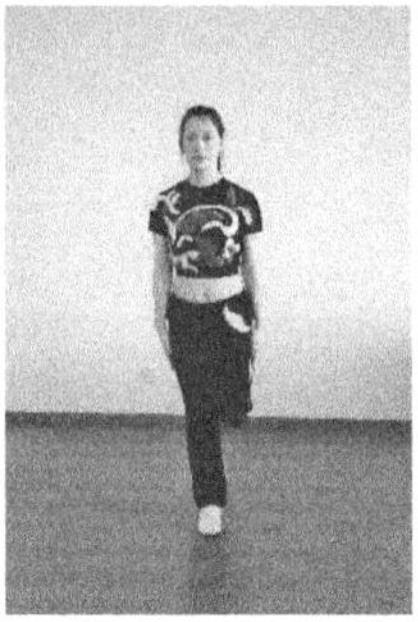

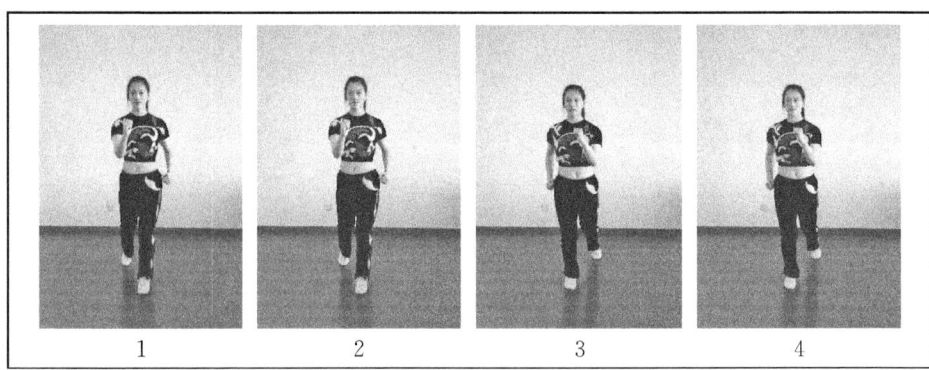

动作步骤	下肢	1—8 拍：弹踢腿跳 4 次。
	上肢	1 拍：双臂前举，2 拍：下摆，3—4 拍同 1—2 拍；
		5 拍：双臂前举，6 拍：胸前平屈，7—8 拍同 1—2 拍。

(三) 第三个八拍图解

1

2

3

4

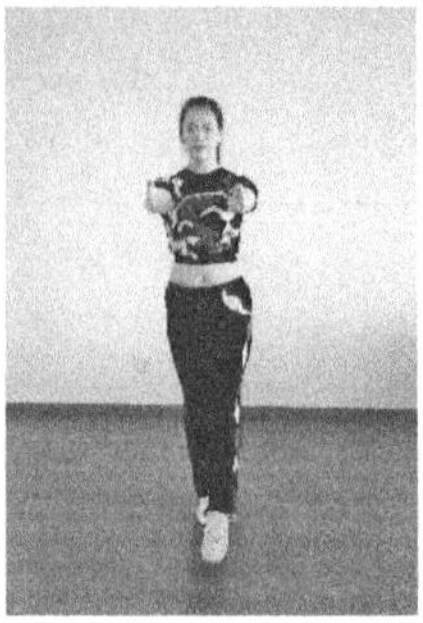

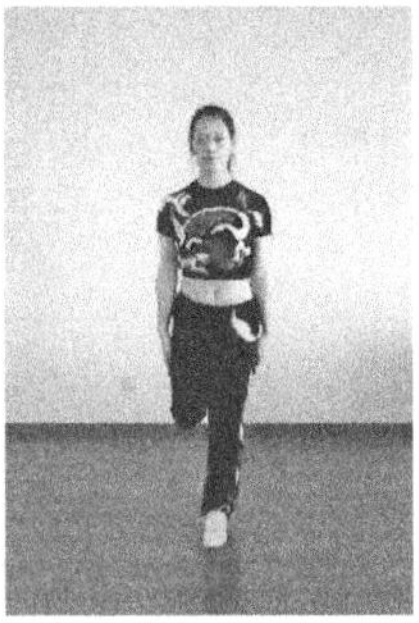

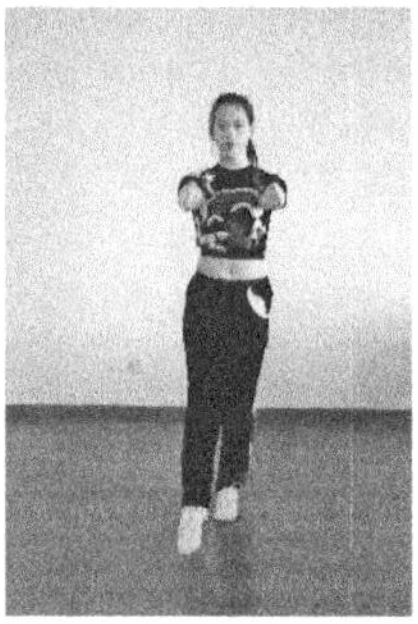

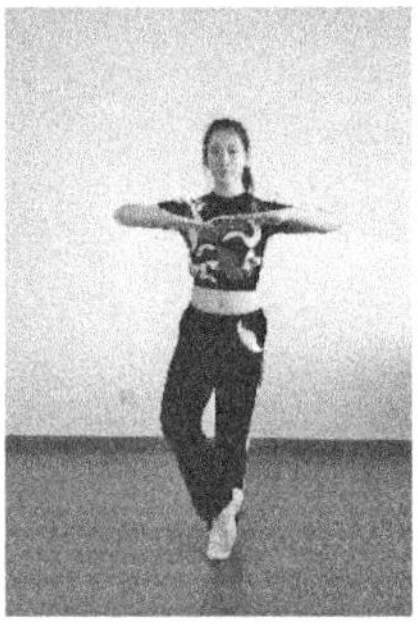

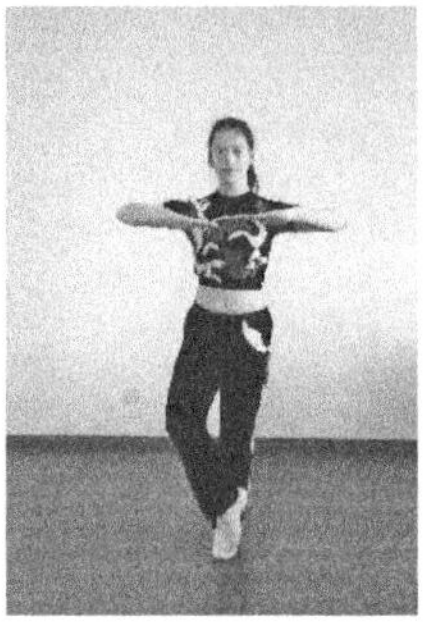

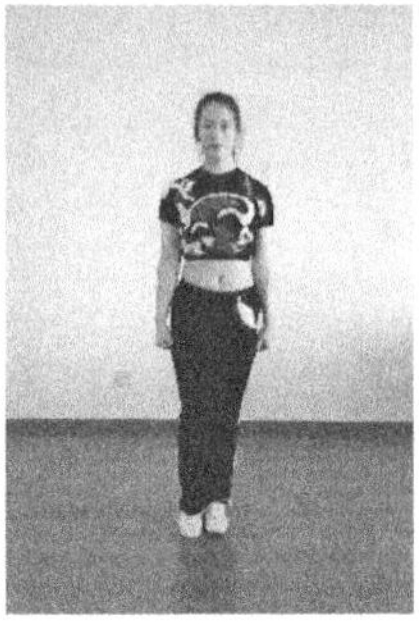

续 表

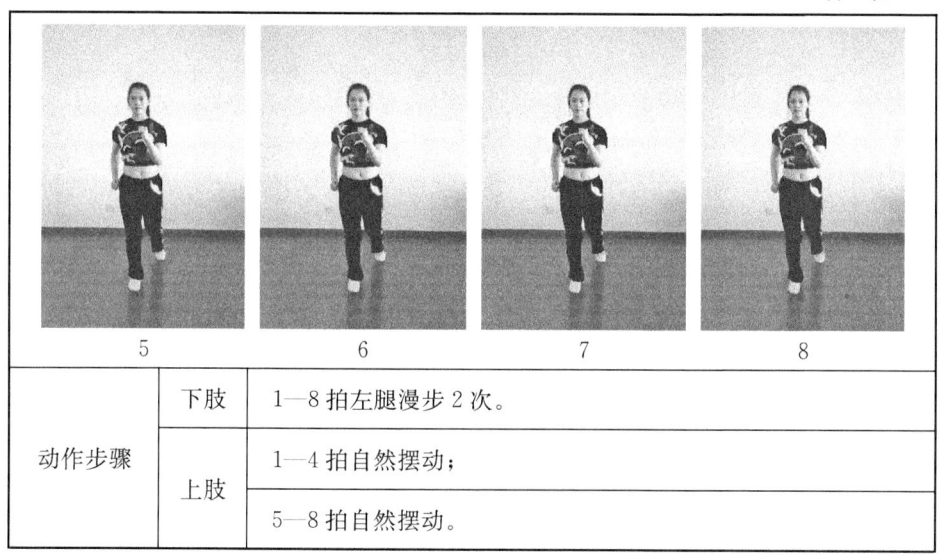

动作步骤	下肢	1—8拍左腿漫步2次。
	上肢	1—4拍自然摆动；
		5—8拍自然摆动。

（四）第四个八拍图解

续 表

动作步骤	下肢	1—8拍：迈步后点地4次。
	上肢	1拍：右臂胸前平屈，2拍：右臂左下拳，3—4拍同1—2拍，但方向相反；
		5拍：右臂侧斜上举，6拍：右臂左下拳，7—8拍同5—6拍，但方向相反。

第二节 轻器械健美操

轻器械健美操是健美操项目中一种特殊的运动方式，是指个体伴随音乐节奏，使用轻器械并结合健美操基本步伐及肢体动作，完成具有健身效果的一种运动项目，以达到健身、健心和健美的目标。轻器械健美操不仅侧重健身效果，对艺术表演性也格外重视。它要求运动员根据器械的特征，结合操化动作组合、舞蹈组合等内容，表现出成套动作的表演性和可观赏性。

本节介绍4个轻器械健美操组合成套动作。

一、组合（A）图解

（一）第一个八拍图解

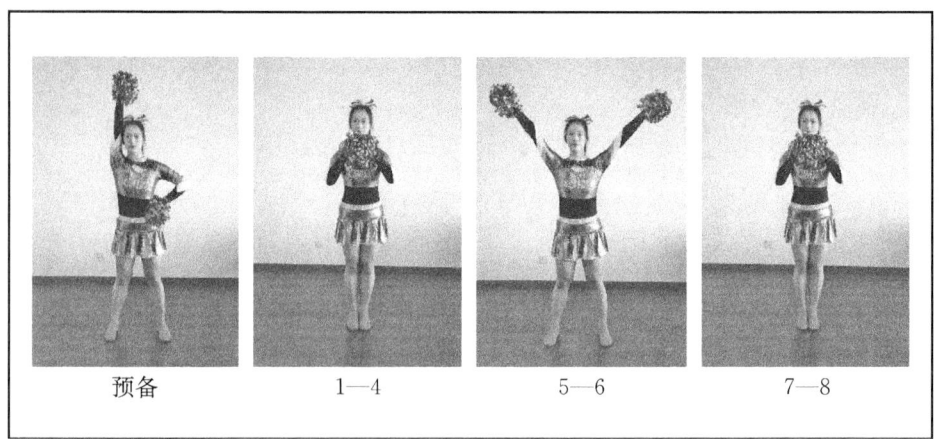

预备　　　　　1—4　　　　　5—6　　　　　7—8

续 表

动作步骤	预备	开立,高冲拳手位。
	下肢	1—4拍:左腿开始向前踏步4次,5—6拍:左腿向左一步成开立,7—8拍:左腿还原成直立。
	上肢	1—4拍:加油手位;
		5—6拍:高V手位,7—8拍:加油手位。

(二) 第二个八拍图解

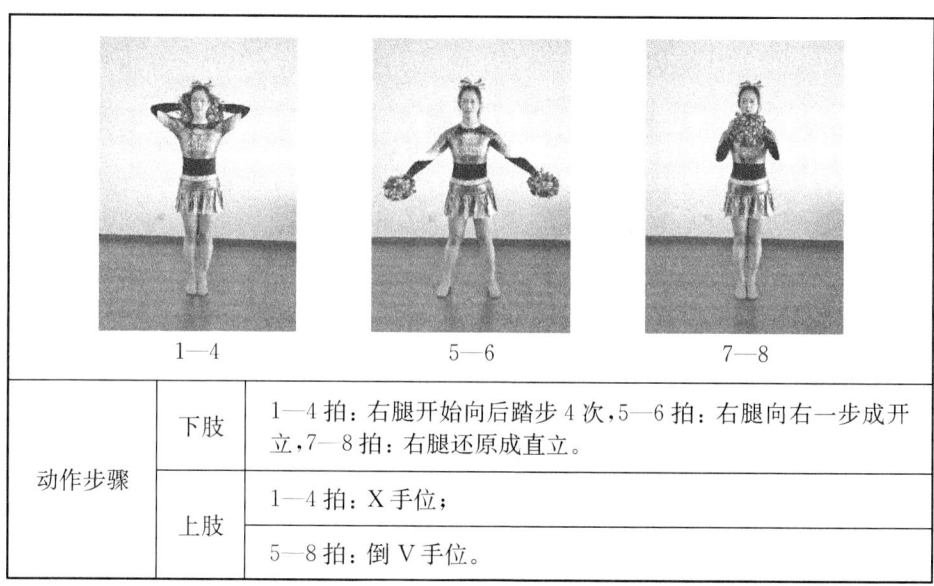

动作步骤	下肢	1—4拍:右腿开始向后踏步4次,5—6拍:右腿向右一步成开立,7—8拍:右腿还原成直立。
	上肢	1—4拍:X手位;
		5—8拍:倒V手位。

(三) 第三个八拍图解

动作步骤	下肢	1—8拍：左腿向左一步成开立。
	上肢	1—2拍：短T手位，3—4拍：侧上冲拳手位；
		5—6拍：短T手位，7—8拍：侧下冲拳手位。

(四) 第四个八拍图解

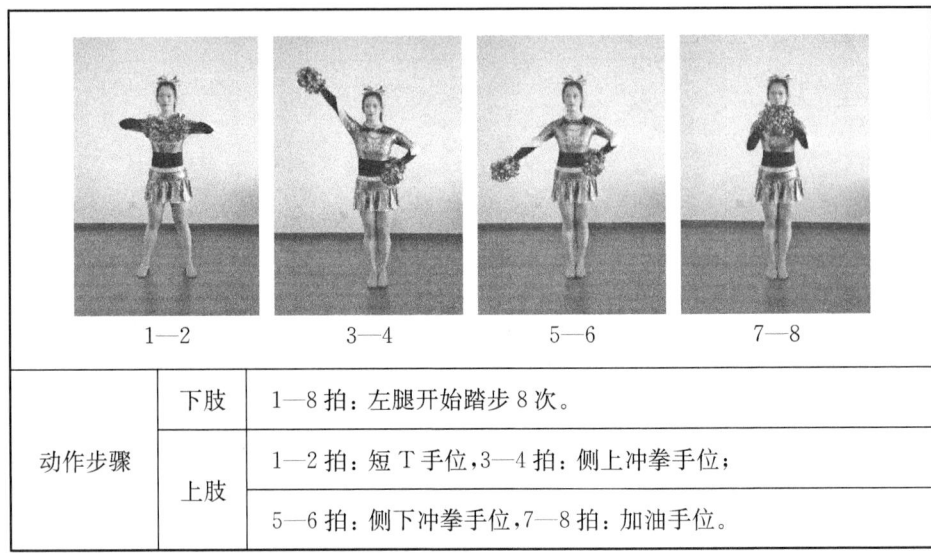

动作步骤	下肢	1—8拍：左腿开始踏步8次。
	上肢	1—2拍：短T手位，3—4拍：侧上冲拳手位；
		5—6拍：侧下冲拳手位，7—8拍：加油手位。

二、组合(B)图解

(一) 第一个八拍图解

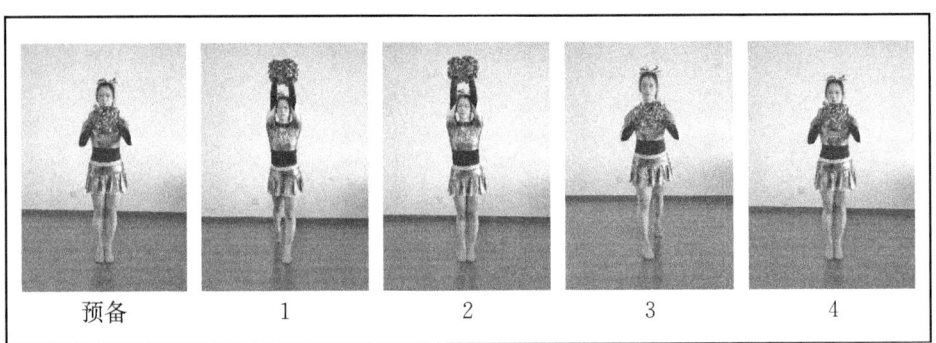

续 表

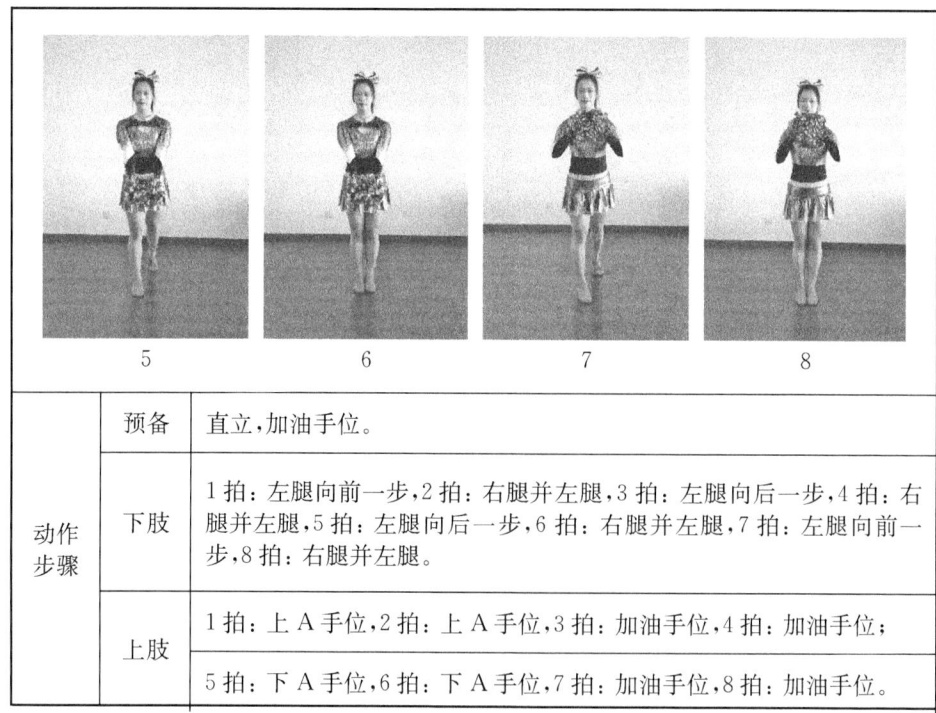

动作步骤	预备	直立,加油手位。
	下肢	1拍:左腿向前一步,2拍:右腿并左腿,3拍:左腿向后一步,4拍:右腿并左腿,5拍:左腿向后一步,6拍:右腿并左腿,7拍:左腿向前一步,8拍:右腿并左腿。
	上肢	1拍:上A手位,2拍:上A手位,3拍:加油手位,4拍:加油手位;
		5拍:下A手位,6拍:下A手位,7拍:加油手位,8拍:加油手位。

(二) 第二个八拍图解

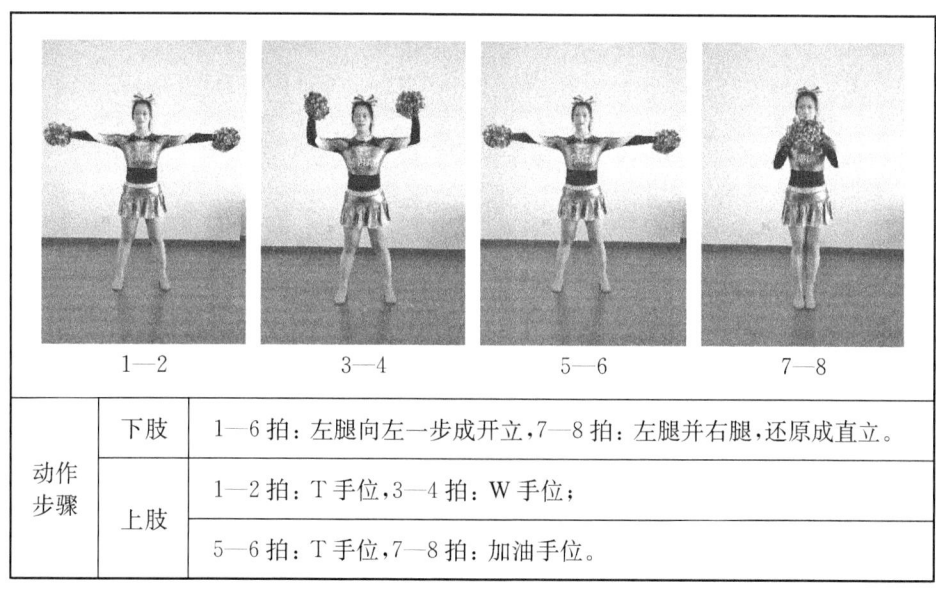

动作步骤	下肢	1—6拍:左腿向左一步成开立,7—8拍:左腿并右腿,还原成直立。
	上肢	1—2拍:T手位,3—4拍:W手位;
		5—6拍:T手位,7—8拍:加油手位。

（三）第三个八拍图解

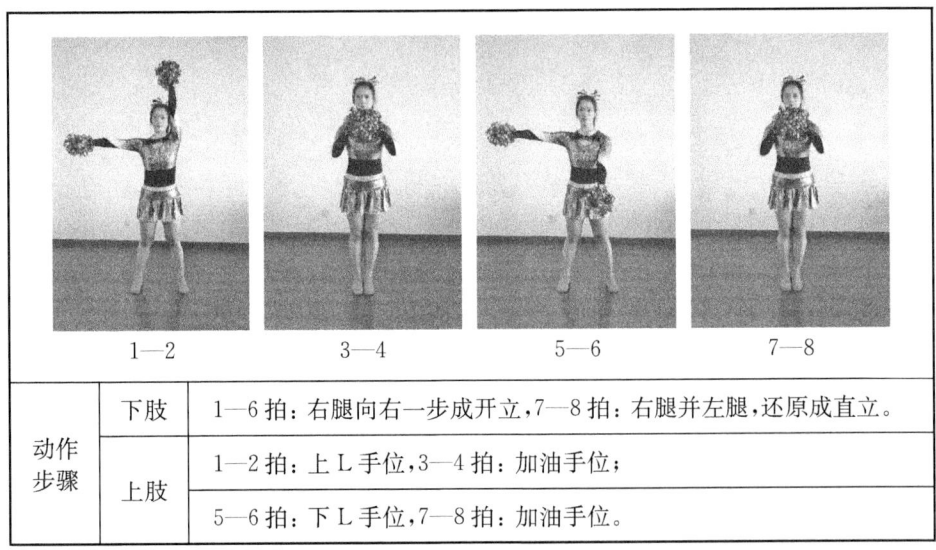

动作步骤	下肢	1—6拍：右腿向右一步成开立，7—8拍：右腿并左腿，还原成直立。
	上肢	1—2拍：上L手位，3—4拍：加油手位；
		5—6拍：下L手位，7—8拍：加油手位。

（四）第四个八拍图解

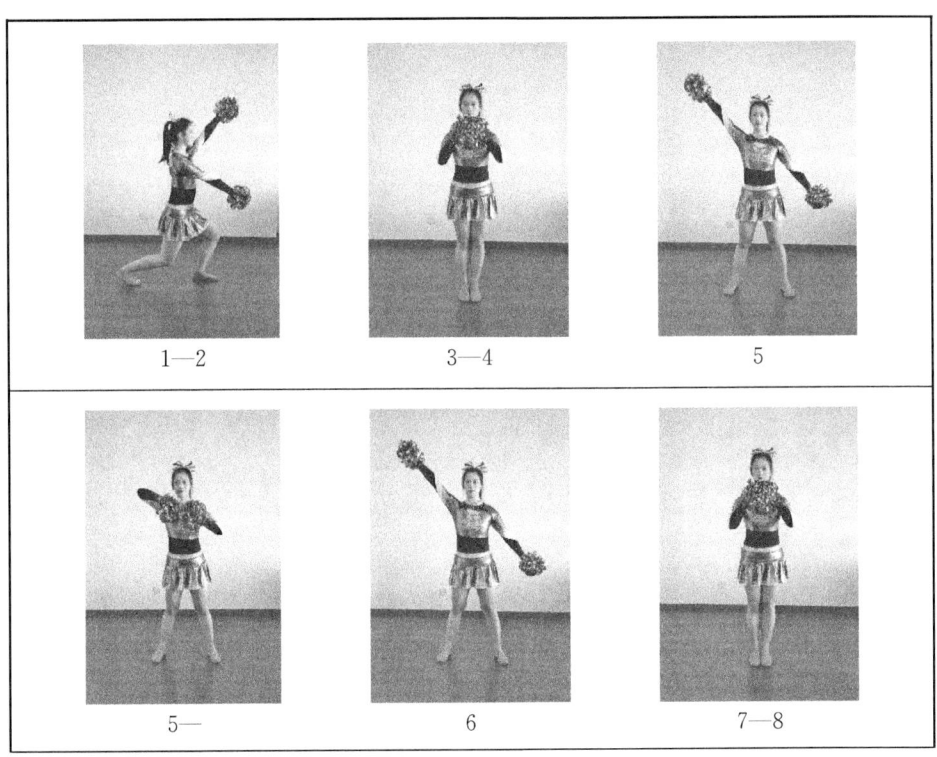

续　表

动作步骤	下肢	1—2拍：左转90°同时左腿向前一步成弓步，3—4拍：还原成直立，5—6拍：双腿跳成开立，7—8拍：左腿开始踏步2次。
	上肢	1—2拍：侧K手位，3—4拍：加油手位；
		5拍：斜线手位，5—拍：屈肘成斜短T手位，6拍：伸肘成斜线手位，7—8拍：加油手位。

三、组合(C)图解

(一) 第一个八拍图解

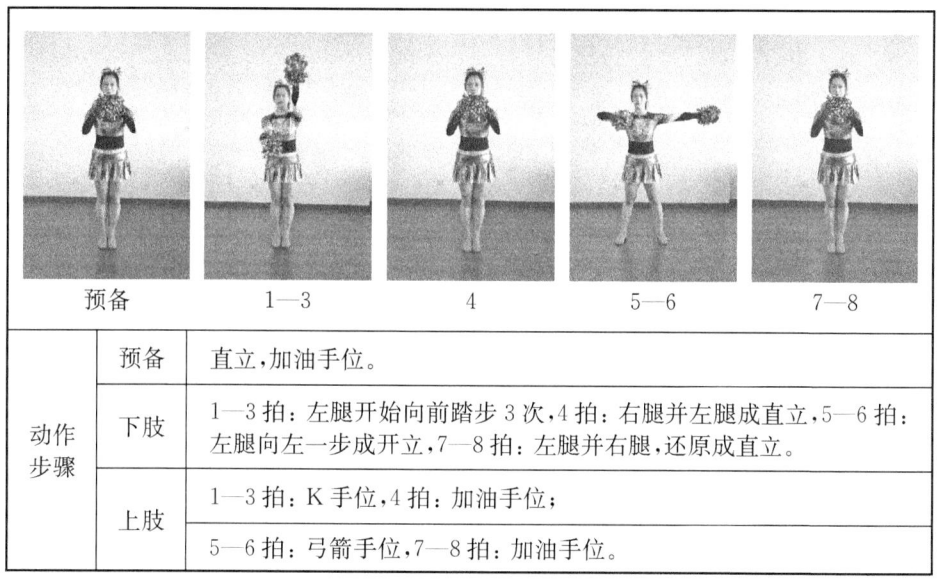

| | 预备 | 1—3 | 4 | 5—6 | 7—8 |

动作步骤	预备	直立，加油手位。
	下肢	1—3拍：左腿开始向前踏步3次，4拍：右腿并左腿成直立，5—6拍：左腿向左一步成开立，7—8拍：左腿并右腿，还原成直立。
	上肢	1—3拍：K手位，4拍：加油手位；
		5—6拍：弓箭手位，7—8拍：加油手位。

(二) 第二个八拍图解

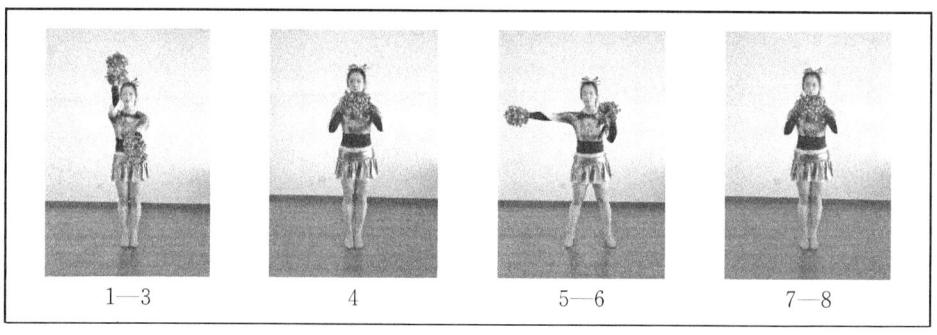

| 1—3 | 4 | 5—6 | 7—8 |

续　表

动作步骤	下肢	1—3拍：右腿开始后退踏步3次，4拍：左腿并右腿成直立，5—6拍：右腿向右一步成开立，7—8拍：右腿并左腿，还原成直立。
	上肢	1—3拍：K手位，4拍：加油手位；
		5—6拍：小弓箭手位，7—8拍：加油手位。

（三）第三个八拍图解

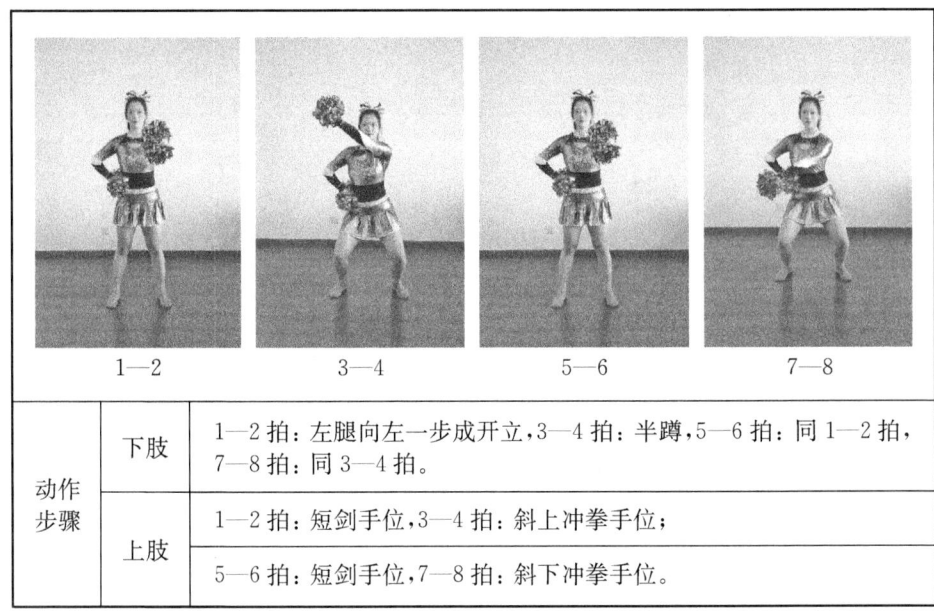

1—2　　　　3—4　　　　5—6　　　　7—8

动作步骤	下肢	1—2拍：左腿向左一步成开立，3—4拍：半蹲，5—6拍：同1—2拍，7—8拍：同3—4拍。
	上肢	1—2拍：短剑手位，3—4拍：斜上冲拳手位；
		5—6拍：短剑手位，7—8拍：斜下冲拳手位。

（四）第四个八拍图解

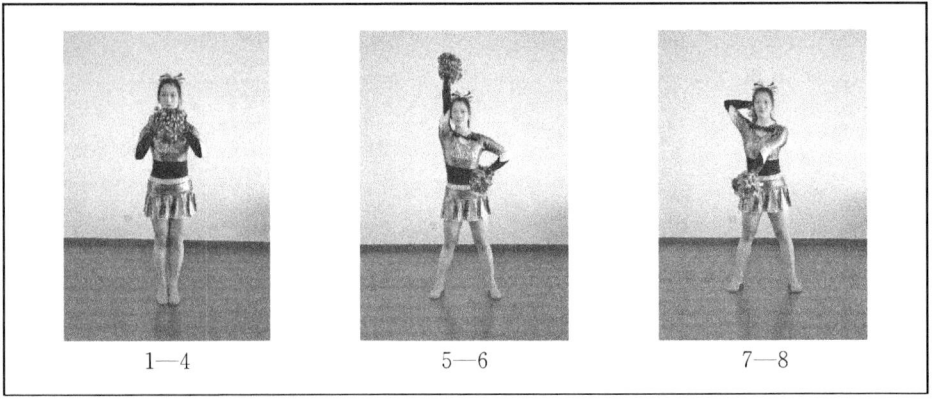

1—4　　　　　5—6　　　　　7—8

续 表

动作步骤	下肢	1—4拍：左腿开始原地踏步4次，5—8拍：跳成开立。
	上肢	1—4拍：加油手位；
		5—6拍：高冲拳手位，7—8拍：R手位。

四、组合(D)图解

(一) 第一个八拍图解

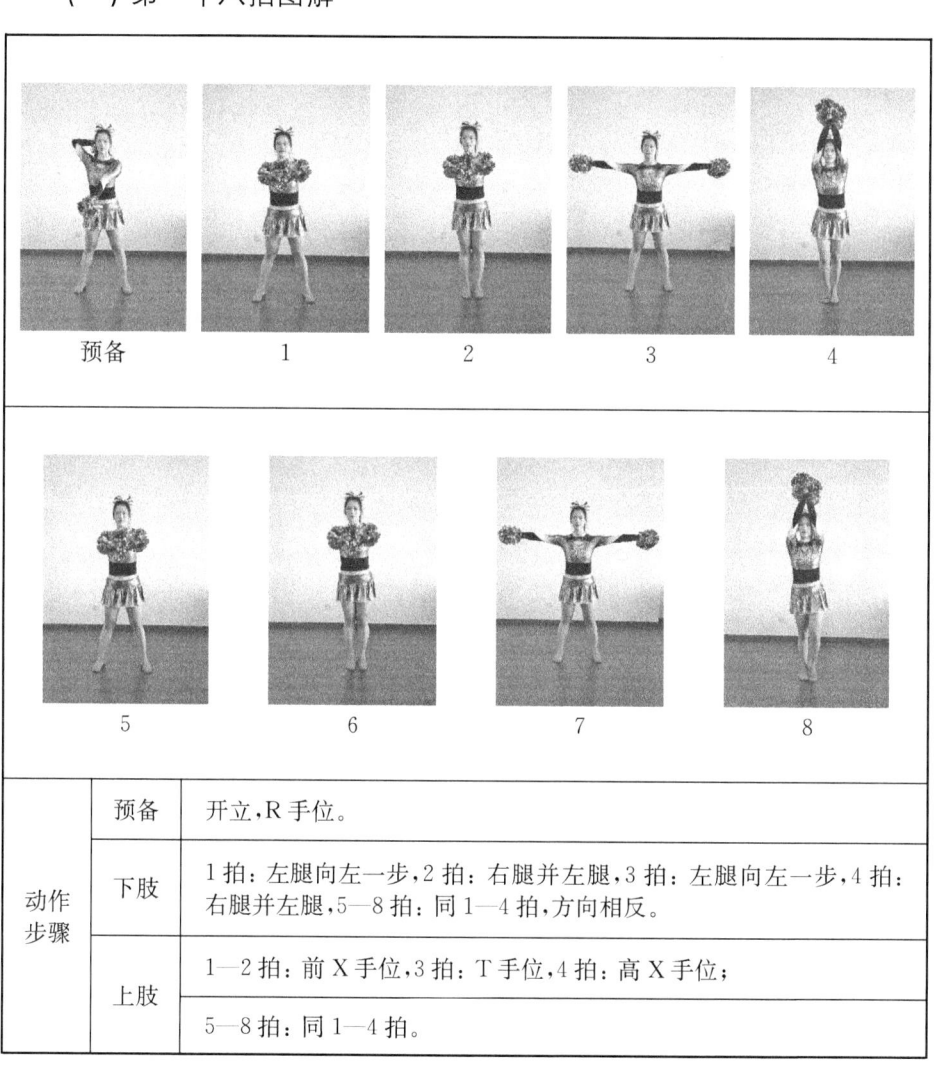

动作步骤	预备	开立，R手位。
	下肢	1拍：左腿向左一步，2拍：右腿并左腿，3拍：左腿向左一步，4拍：右腿并左腿，5—8拍：同1—4拍，方向相反。
	上肢	1—2拍：前X手位，3拍：T手位，4拍：高X手位；
		5—8拍：同1—4拍。

(二) 第二个八拍图解

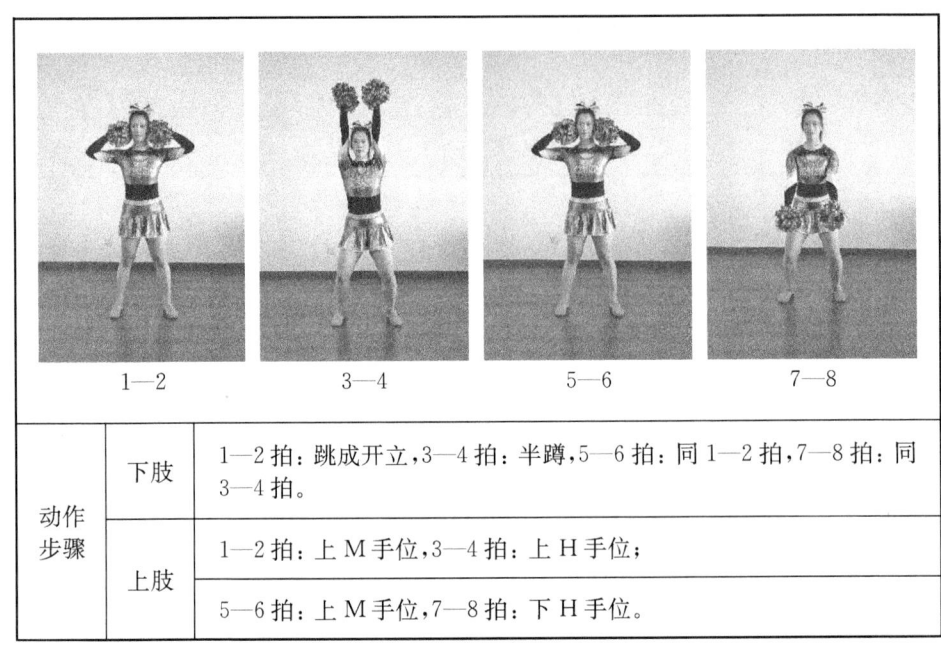

动作步骤	下肢	1—2拍：跳成开立,3—4拍：半蹲,5—6拍：同1—2拍,7—8拍：同3—4拍。
	上肢	1—2拍：上M手位,3—4拍：上H手位;
		5—6拍：上M手位,7—8拍：下H手位。

(三) 第三个八拍图解

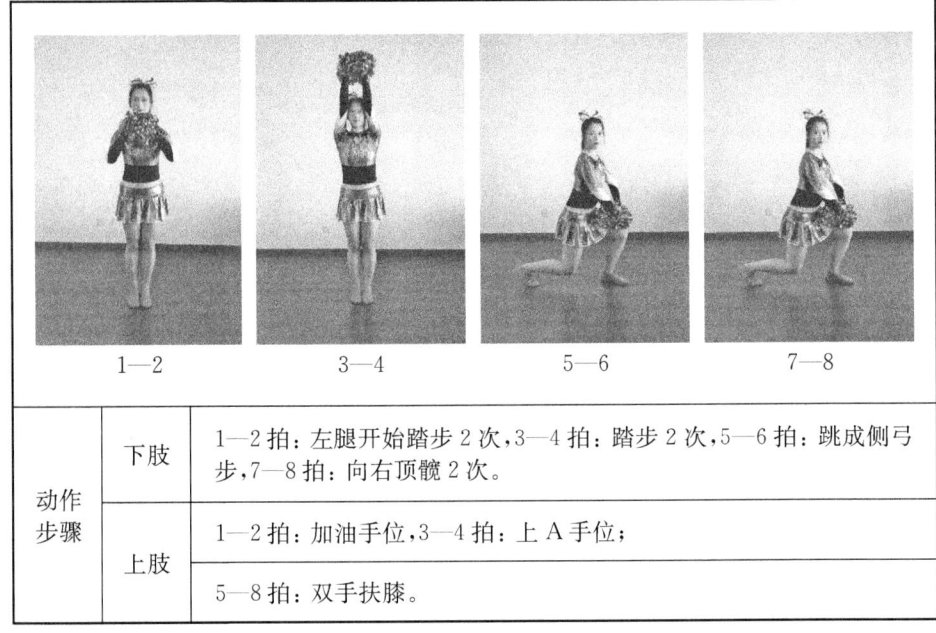

动作步骤	下肢	1—2拍：左腿开始踏步2次,3—4拍：踏步2次,5—6拍：跳成侧弓步,7—8拍：向右顶髋2次。
	上肢	1—2拍：加油手位,3—4拍：上A手位;
		5—8拍：双手扶膝。

(四) 第四个八拍图解

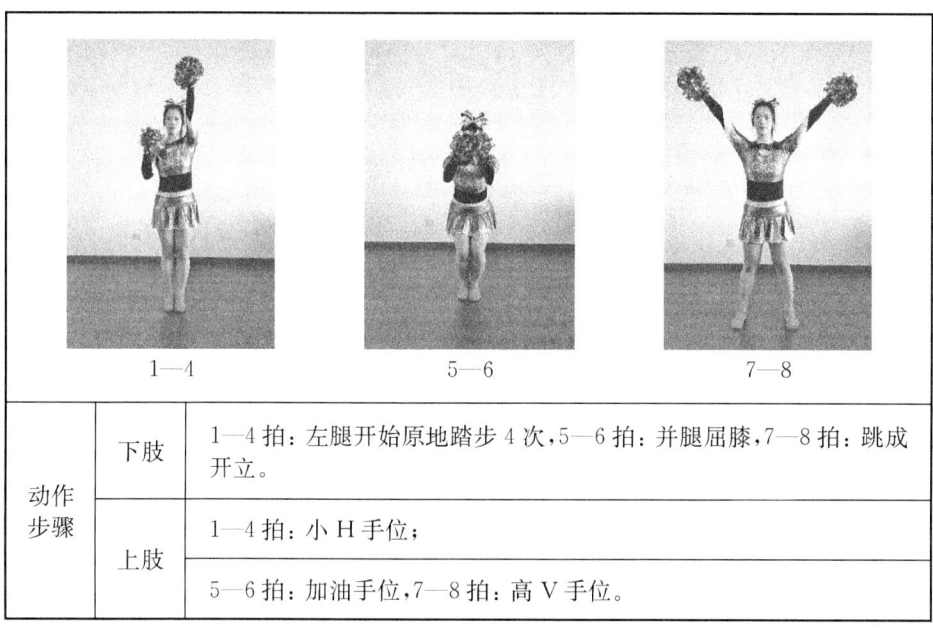

		1—4	5—6	7—8

动作步骤	下肢	1—4拍：左腿开始原地踏步4次，5—6拍：并腿屈膝，7—8拍：跳成开立。
	上肢	1—4拍：小H手位；
		5—6拍：加油手位，7—8拍：高V手位。

第五章
高中健美操专项化教学体系

第一节 教学目标

健美操的教学目标,即是在实施健美操教与学的过程中,教师和学生期望达成的学习成效。在体育教育的实施过程中,选择和组织教学内容、决定教学方法和手段、进行教学评价以及质量分析等,都必须以教学目标为指导。本节所阐述的健美操教学目标,是依据《体育与健康课程标准》(2017年版,2020年修订)(以下简称"《课程标准》")的核心理念,紧密围绕运动技能、健康行为以及体育品德而设定的。

一、体育学科核心素养概述

学科核心素养,也就是核心素养在学科层面的具体化,它反映了学科在育人方面的价值。学生通过学习,能够逐步塑造正确的价值观,培养必要的品格和关键技能。学科核心素养是连接道德教育、课程目标、课程内容、学业成效、教学方法和学习评价的重要纽带;在高中教育体系中,它被视为课程的精髓,引领着课程的所有环节和方面。从课程目标的角度看,课程目标实际上是学科核心素养的具体体现,而课程目标的实现,则有助于学科核心素养的培育。

随着社会的发展与生活水平的提高,人们越来越重视身体素质的提升,越来越意识到身体能力在日常工作和学习中的重要意义,从而对体育学科教学有了更高的关注度。这就要求在体育课程的推行中,对学科核心素养的教学实践开展专项研究,以推动课程改革和强化对关键核心素养能力的培养。对体育与健康的研究不仅能为国家教育部门提供理论支持,还能优化学校体育教学的考核与评估,进而提升体育教学效果。这些都有助于教师更全面地了解学生的身体状况,从而更有效地指导学生发展核心素养。体育与健康学科的核心素养主要包括运动能力、健康行为和体育品德三个维度的内容,这三个方面与课程目标密切关联、相辅相成,共同作用于学生的整体素养。

体育课程独具特色,它不仅能促进学生身体的成长发育,更能锤炼他们的精神意志,因此,在体育课程教学中,我们既要注重提升学生的体能和运动技能,也要注重通过运动来塑造学生的体育精神和品格,帮助他们展现出优秀的运动风貌。

以上三个方面的学科核心素养相互关联,共同作用于体育与健康教学中,有助于培养学生解决现实生活中复杂问题的能力。

二、健美操课程教学目标

1. 总体目标

通过健美操教学,激发学生对运动的兴趣,鼓励他们积极、主动地投身于体育锻炼之中,培养他们的科学精神、创新意识以及体育实践能力,并且促使学生通过学习健美操,逐渐养成自觉锻炼的习惯,形成终身参与体育运动的意识,让学生能够自主探索个人锻炼方法,具备一定的体育文化鉴赏能力;加深学生对健美操基本运动技巧和理论知识的了解,学会正确练习健美操的方法和手段,掌握科学的体育锻炼方式,不断提高自身运动能力;学会自评和互评体质健康状况,掌握提高运动机能的知识与方法,懂得选择有益于人体的健康食品,有效改善日常饮食习惯,树立健康观念,形成健康文明的生活方式;能够自主改善心理健康状况、克服心理障碍,养成乐观向上的生活态度,学会运用正确的方法调整内心情绪,根据自身实际能力水平设定体育学习目标,在运动过程中体验运动的幸福感和成就感;为了引导学生养成遵守体育道德与体育行为准则的自觉,应聚焦于塑造他们卓越的体育品质,并传承体育的精髓,以增强其社会责任感与对规则的敬畏感。应重视运动技能、健康习惯与体育品德三者间的平衡发展,力求培养出拥有正确体育健康观念、优秀品格和核心能力的学子。通过这一培养过程,以期学生展现出乐观向上、积极进取的精神风貌,拥有健康的身心与强健的体魄,为新时代的健康文明生活奠定坚实基础。

2. 分目标

(1) 运动能力

针对高中学生的运动能力,应注重其体能发展、技能运用和运动认知的提升。通过本课程的学习,使学生能够将所学的运动知识、技能和方法灵活地应用于实际,积极参与并组织各类体育展示及比赛活动,从而显著提升自身体能和运动技能水平。同时,学生还应了解和掌握特定运动项目的裁判知识及规则,以增强其问题解决能力。此外,学生能够独立或与他人合作制订体能锻炼计划,并合理评估锻炼效果,以实现更有效的自我提升;同时,增强对国内外重大体育赛事和事件的了解与分析能力,提升运动鉴赏水平。

在健美操课程中,学生应逐步掌握徒手及轻器械健身健美操的基本动作和成套动作,显著提升运动技能水平,并能根据规则编排成套动作。同时,专项与一般体能水平应有显著提升,能够制订并实施体能锻炼计划,合理评价锻炼效果。此外,学生还应逐步加深对健美操项目的认知,并将其运用于实践中,具备组织比赛和担任裁判的能力;了解国内外健美操的重大赛事和事件,能够欣赏和评价比赛,体验项目艺术美的价值。

(2) 健康行为

对于高中学生健康行为的培养,关键在于强化其锻炼习惯,增强其情绪管理和适应能力。通过本课程,学生应能主动参与体育锻炼,学习并掌握科学的锻炼方法,从而形成良好的锻炼习惯,具备基本的健康技能,以实现自我健康管理。同时,学生应具有稳定的情绪,保持乐观开朗的心态,善于与人交往和合作,提升对不同环境的适应能力。此外,还应注重健康意识的培养,珍爱生命、热爱生活,养成健康文明的生活方式,以改善身心健康,提高生活质量和生存能力。

学习健美操课程的学生能够积极投身于校内外的体育锻炼,通过参与健身健美操运动项目,不仅掌握科学的锻炼方法,还应养成良好的锻炼习惯,从而有效改善身心健康状况。在学习过程中,逐渐掌握正确的基本健康技能,并具备自我健康管理的能力。此外,通过参与健美操活动,学生们还应学会如何调控个人情绪,体验团队带来的感染力,并积极主动地与他人交往合作,逐渐形成较强的适应不同环境的能力。

(3) 体育品德

对于高中学生而言,体育品德的培养至关重要。本课程着重培养学生的积极进取精神、规则意识和社会责任感。通过学习,学生能够自尊自强,勇于面对并克服各种内外困难,展现出勇敢顽强、挑战自我、追求卓越的精神风貌。同时,也应学会正确对待比赛的胜败,保持胜不骄、败不馁的平和心态。在团队中,能够胜任不同的运动角色,展现出负责任的行为和强烈的团队合作意识,遵守规则,文明礼貌,尊重他人,树立公平竞争的意识和行为准则。

学习健美操课程的学生在运动中不断挑战自我,努力克服各种困难,发扬积极进取的精神。要能够理性看待比赛结果,不因胜利而骄傲,也不因失败而气馁。在团队中,不仅能胜任各自的运动角色,更要展现出强烈的责任感和良好的团队合作意识,为团队的胜利贡献自己的力量,同时做到遵守规则和运动规范,行为举止礼貌、得体,养成公平竞争的意识和行为。

第二节 教 学 内 容

《课程标准》针对健美操教学内容指出:健身健美操模块的内容主要包括健身健美操运动的基础知识与技能、技战术运用、专项体能与一般体能、展示或比赛、规则与裁判方法、观赏与评价 6 个方面。每一个模块的教学内容密切关联、层层递进、由易到难,围绕着三大核心素养对教学内容进行选择和排序,通过具有健身健美操运动项目特点的教学内容,提高学生对健美操的认知,加强运动技能的学习。

(一) 健美操基础知识与基本技能

1. 模块一

❖ 了解健身健美操的发展历程和未来趋势;
❖ 初步感受其深厚的文化价值;
❖ 理解健身健美操运动的基本动作原理;
❖ 初步认识健身健美操运动对增进健康、培养体育品德的作用;
❖ 认识健身健美操运动的安全知识和方法。

2. 模块二
- 深入了解健身健美操运动的发展历程及相关历史文化演变；
- 进一步认识健身健美操蕴含的文化价值；
- 进一步理解健身健美操运动的基本动作原理；
- 进一步认识健身健美操运动对增进健康、培养体育品德的作用。

3. 模块三
- 基本掌握健身健美操运动的竞赛规则和评分标准；
- 掌握基本动作的方向变化以及路线变化的基本原则；
- 了解健身健美操运动所蕴含的文化内涵。

4. 模块四
- 常见体育运动、健美操运动损伤预防和处理方法。

5. 模块五
- 深入学习有氧舞蹈运动的比赛规则；
- 掌握基本动作的方向和路线变化原则；
- 领悟有氧舞蹈运动的文化底蕴。

6. 模块六
- 学会并应用健身健美操中缓解疲劳的技巧和方法。

7. 模块七
- 了解不同风格的音乐特点。

8. 模块八
- 深入了解不同风格的音乐特点。

9. 模块九
- 学习有氧舞蹈创编理论。

10. 模块十
- 了解踏板健美操的发展；
- 进一步学习健身健美操创编理论和裁判法。

(二) 健美操技战术运用

1. 模块一
- 掌握无冲击、低冲击和高冲击健身健美操的基本步伐；

❖ 上肢能配合各种步伐作出自然摆动、击掌、上下屈伸等动作,逐步掌握健身健美操的基本动作以及身体控制与重心移动技巧。

2. 模块二

❖ 学习《全国全民健身操等级推广规定动作——三级有氧舞蹈》;
❖ 在成套动作中运用简单的队形变化,能简单编排自编组合动作;
❖ 能在开头结尾造型中运用较为简单的托举动作。

3. 模块三

❖ 学习《全民有氧健身操——三级表演轻器械》;
❖ 在成套动作中运用简单的队形变化,能简单编排自编组合动作;
❖ 能在开头结尾造型中运用较为简单的托举动作。

4. 模块四

❖ 学习《全国全民健身操等级推广规定动作——四级有氧舞蹈》;
❖ 在成套动作中运用较为复杂的队形变化,能编排有一定创意的自编组合动作;
❖ 能在开头结尾造型中运用较为复杂的托举动作。

5. 模块五

❖ 学习《全民有氧健身操——四级表演轻器械》;
❖ 在成套动作中运用较为复杂的队形变化,能编排有一定创意的自编组合动作;
❖ 能在开头结尾造型中运用较为复杂的托举动作。

6. 模块六

❖ 学习《全国全民健身操等级推广规定动作——五级有氧舞蹈》;
❖ 在成套动作中运用较为复杂的队形变化,能编排有一定创意的自编组合动作;
❖ 能在开头结尾造型中运用较为复杂的托举动作。

7. 模块七

❖ 学习《全民有氧健身操——五级表演轻器械》;
❖ 在成套动作中运用较为复杂的队形变化,能编排有一定创意的自编组合动作;
❖ 能在开头结尾造型中运用较为复杂的托举动作。

8. 模块八
- 学习《全国全民健身操等级推广规定动作——六级有氧舞蹈》；
- 在成套动作中运用较为复杂的队形变化，能编排有一定创意的自编组合动作；
- 能在开头结尾造型中运用较为复杂的托举动作。

9. 模块九
- 学习《全民有氧健身操——六级表演轻器械》；
- 在成套动作中运用较为复杂的队形变化，能编排有一定创意的自编组合动作；
- 能在开头结尾造型中运用较为复杂的托举动作。

10. 模块十
- 学习轻器械健身健美操高级套路（以"2016 年《全国踏板健身操规定动作》"为例）；
- 根据不同风格的音乐进行轻器械健身操套路创编。

（三）健美操专项体能与一般体能

1. 模块一
- 发展一般体能（耐力、速度、柔韧）；
- 发展健身健美操专项体能（重心控制、身体弹动等）。

2. 模块二
- 发展一般体能（耐力、速度、柔韧）；
- 进一步发展专项体能练习（重心控制、身体弹动等）。

3. 模块三
- 积极主动地参与健身健美操运动的专项体能与一般体能练习。

4. 模块四
- 发展专项体能与一般体能。

5. 模块五
- 在具有一定强度和密度的情境下进行专项体能练习，进一步提高专项体能水平。

6. 模块六
- ❖ 发展啦啦操专项体能与一般体能水平。

7. 模块七
- ❖ 进一步发展花球啦啦操专项体能与一般体能。

8. 模块八
- ❖ 发展竞技健美操专项能力,专项体能得到较大幅度的提升。

9. 模块九
- ❖ 全面、系统地提高健身健美操主体内容动作。

10. 模块十
- ❖ 综合发展健身健美操专项体能。

(四) 健美操展示或比赛

1. 模块一
- ❖ 跟随音乐节奏,精准地完成两组包含4个8拍的初级动作组合。

2. 模块二
- ❖ 主动融入小团队,参与健身健美操的竞赛活动。

3. 模块三
- ❖ 在小团队比赛中应用竞赛规则,准确感知音乐风格和掌握动作技巧。

4. 模块四
- ❖ 成套动作的个人及团队展示、比赛。

5. 模块五
- ❖ 参加更高级别的比赛,进一步提高比赛能力,在比赛中与队友加强合作,与对手公平竞争。

6. 模块六
- ❖ 参加个人及团队展示、比赛,准确把握音乐风格和动作技术。

7. 模块七
- ❖ 能够以较高水平展示成套动作,积极参加校级以上比赛。

8. 模块八
- ❖ 能够展示健身健美操高级套路,积极参加校级以上比赛。

9. 模块九
- 能够展示有氧舞蹈成套动作,积极参加各种校级以上比赛。

10. 模块十
- 能够展示创编的舞蹈动作,积极参加校级以上比赛。

(五)健美操规则与裁判方法

1. 模块一
- 初步了解健身健美操竞赛规则。

2. 模块二
- 进一步学习健身健美操竞赛规则。

3. 模块三
- 熟悉健身健美操比赛的基本规则与评分标准,能够胜任比赛记录等辅助工作,并能依据规则对同学的展示动作进行公正评价。

4. 模块四
- 学习健身健美操比赛规则和评分标准,能根据规则简单评价其他同学展示的动作。

5. 模块五
- 进一步学习健身健美操规则和评分标准,能综合评价其他同学在展示中的表现。

6. 模块六
- 初步学习啦啦操比赛规则和评分标准,能根据规则简单评价其他同学展示的动作。

7. 模块七
- 学习啦啦操规则和评分标准。

8. 模块八
- 学习踏板操比赛规则和裁判法。

9. 模块九
- 有氧舞蹈评分规则与裁判方法。

10. 模块十
- 学习有氧舞蹈规则和评分标准,能客观评价其他同学在展示中的表现。

（六）健美操观赏与评价

1. 模块一
❖ 通过观看精英级别的健身健美操竞赛，可以对健身健美操项目形成更准确的认知，并据此作出简短的评价。

2. 模块二
❖ 观看高水平健身健美操全国比赛，加深对健身健美操运动的认识。

3. 模块三
❖ 观看健身健美操比赛，了解比赛成套动作的组成要素，用专业术语与同伴分享比赛双方使用的技战术以及点评优秀运动员的表现等。

4. 模块四
❖ 观赏高水平健身健美操徒手动作套路比赛视频，提升对项目的认知。

5. 模块五
❖ 观赏健身健美操比赛，了解比赛成套动作的组成要素，用专业术语与同伴讨论比赛双方使用的技战术，并点评运动员的表现等。

6. 模块六
❖ 能够观看、欣赏、评判啦啦操比赛，运用规则对动作技术水平进行分析与评价。

7. 模块七
❖ 制订一般性体能及专项体能锻炼计划，对锻炼计划及锻炼效果进行客观评价。

8. 模块八
❖ 根据所学理论知识制订竞技健美操专项体能锻炼计划。

9. 模块九
❖ 欣赏高水平有氧舞蹈比赛，并能根据评分规则进行评价。

10. 模块十
❖ 欣赏高水平有氧舞蹈比赛，并能对运动员的表现进行评价。

第三节 教学方法

健美操教学方法以教学目标为导向,让学生能够有效掌握健美操的相关知识、技术和技能,是实现健美操教学任务的手段和途径。教师根据健美操课程的特点,正确、合理地选择和应用教学方法,帮助学生更快更高效地掌握健美操运动技能,是健美操教学活动中不可忽视的重要因素。

一、健美操常用教学方法

常用的健美操教学方法有:讲解法、示范法、提示法,完整法与分解法、练习法、纠错法等。

(一) 讲解法

讲解法是通过简明扼要而生动的语言,系统地传授健美操的知识与技能,可谓是一种"有声"的示范。因其灵活性与普及性,讲解法在健美操教学中尤为关键。

1. 讲解法的主要形式

(1) 完整讲解:对于单个或简单的组合动作,从起始到结束,全面而详尽地描述其过程。例如,在描述"一字步"时,需从预备姿势讲起,涵盖步伐方向、动作顺序、节拍直至结束动作。若是组合动作,还需阐明动作间的衔接方式与路线变化。

(2) 分解讲解:针对复杂的单个、组合或整套动作,可以采用分步解析的方式进行教学。首先,根据动作的结构或身体部位,如先详细解释下肢动作,再逐步阐述上肢动作,从而帮助学生逐步深入理解每个动作的要领。

(3) 重点讲解:在教学过程中,根据课程的具体要求或学生掌握动作的情况,对单个动作的某个关键部位或组合动作中的某一环节进行特别讲解和强调。这种方法有助于学生更准确地掌握动作要点,提高学习效果。

(4) 正误对比讲解:为了帮助学生识别并纠正动作中的错误,可以采用正误对比的方式进行讲解。通过对比正确动作的要领与常见的技术错误,使学生更加清晰地认识到自己的问题所在,从而有针对性地进行纠正和改进。

2. 讲解法的教学策略

(1) 讲解时机的把握:选择恰当的时机进行讲解,有助于加深学生对动作要领的理解,并在必要时及时纠正学生的错误。当学生在动作上有所进步时,教师应给予积极的反馈。然而,在学生的练习过程中,过度的讲解可能会干扰他们的学习,因此需适度控制。

(2) 讲解位置的考虑:教师讲解时所处的位置同样很重要,要确保所有学生都能清晰地听到讲解内容。同时,应根据学生的队形和动作结构,选择最有利于观察和理解的讲解位置。特别是与示范动作相结合时,教师应选取最佳的示范面,以确保学生能够直观理解。

(3) 讲解顺序的安排:在讲解过程中,应遵循先下肢后上肢,再躯干与头颈、手眼配合的顺序,这样的顺序有助于学生更好地理解和掌握动作要领。

3. 运用讲解法的注意事项

(1) 目的明确:讲解内容应紧密围绕教学目标和学生需求,确保内容具有针对性和实效性。

(2) 准确无误:教师的讲解应基于科学、准确的原则,使用专业的健美操术语,避免误导学生。

(3) 简明扼要:讲解语言应简洁明了,避免冗长烦琐,可通过生动的比喻或口诀帮助学生快速理解。

(4) 启发思维:讲解时,应激发学生的学习兴趣,培养他们的创新思维,将观察、思考与实践相结合。

(5) 艺术表达:讲解应使用标准的普通话,发音清晰、语言流畅;同时,注重语言的生动性、趣味性和感染力,提升讲解的艺术效果。

(6) 节奏与鼓舞:讲解时,要注意语言的节奏感和鼓舞性,通过声调的起伏和强弱的变化,激发学生的自信心和练习热情。

(二) 示范法

示范法是通过教师或学生的亲身展示,为学生提供直观的动作示范,指导他们进行练习。这种教学方法有助于学生快速建立正确的动作印象,掌握技术要点和动作流程。因此,教师示范的准确性和规范性对学生的学习效果至关重要。

1. 示范法的主要形式

(1)完整示范与分解示范:完整示范是展示动作从开始到结束的全过程,帮助学生形成完整的动作印象,常用于简单动作的教学;而分解示范则是将复杂动作或组合动作分解成不同部分进行展示,例如先示范下肢动作,再示范上肢动作,有助于学生逐步掌握。

(2)正误对比示范:通过展示同一动作的正确与错误形式,让学生直观对比,从而及时纠正错误,提高动作质量。

(3)重点示范:针对动作中的关键或难点部分进行重点展示,以加强学生的注意和理解,帮助他们更好地掌握动作要领。

(4)慢速示范:即通过延长动作完成时间、减缓动作进程,让学生能够清晰地观察和理解动作的细节及其内在关系,从而有助于对动作的深入学习和掌握。以弹踢腿教学为例,鉴于初学者在动作协调方面的挑战,教师可以采取先慢后快的示范方式,引导学生逐步掌握动作要领。

2. 示范法的教学策略

(1)示范点:通常会选在学生队形的正前方,这样每位学生都能清晰地看到教师的动作,同时教师也能观察到学生的反应。但在涉及复杂转身动作(如90°和180°转身)时,示范点可灵活调整至学生队列的侧面或后面,确保学生能从不同角度观察教师的示范。

(2)示范面:示范面即学生观察示范的视角,包括镜面示范、正面示范、背面示范和侧面示范。

镜面示范:这一方法主要用于与学生进行互动,以实时了解他们的学习进度。在此示范中,教师的动作方向与学生相反,但关键的是,教师在给出口令和提示时,需始终以学生自身的动作方向为准,以确保信息传递的准确性。

背面示范:主要针对那些需要展示背面或涉及左右移动的动作。它能帮助学生更清晰地理解体态、方向和动作路线,有助于建立正确的动作概念。然而,由于背面示范时教师难以直接观察学生的反应,且声音传播可能存在障碍,因此,采用此方法时,教师应控制示范的时间,确保信息传递的准确性和高效性。

正面示范:正面示范可清晰地展现教师动作的要点。教授新内容时,教师面向学生展示单个、组合或整套动作,保持动作方向不变,便于学生直观理解。

侧面示范:在教授如半蹲、抬膝等涉及矢状面内的动作时,侧面示范能清晰展现动作的侧面及前后运动轨迹。此外,教师在侧面示范时可侧头讲解,以加强与学生的交流效果。

(3)示范面转换:在健美操教学中,教师会根据教学内容灵活变换示范面。但无论哪个示范面,教师的出脚方向始终与学生保持一致,这种方法被称为示范面转换法。

3. 运用示范法的注意事项

(1)教师的示范应准确、熟练,轻松且优美,成为学生的典范。复习课上,可请熟练的学生进行示范,既能树立榜样,又能激发学生的练习热情,并为教师腾出更多时间纠正学生错误。

(2)示范应有明确的目的性。教师应根据教学任务、步骤和学生水平选择合适的示范形式。例如,教授新动作时,可以先进行完整示范,再根据需要进行分解、重点或慢速示范,以帮助学生建立完整的动作概念。

(3)示范应便于学生观察。在选择示范面、调整动作速度以及确定学生观察的距离和角度时,教师应充分考虑到学生的实际学习需求。例如,在教授"L"形并步技巧时,背面示范更为直观;而在教授弹踢腿动作时,侧面示范则更能展示动作要领。

(4)多种示范灵活运用。教师在动作演示时,应灵活结合背面和镜面示范的方法。在切换示范面时,教师应确保示范的方向始终与学生的动作方向保持一致,以确保学生能从多个角度清晰观察并深刻理解每个动作的要领。

(5)示范与讲解协同作用。在健美操教学中,示范通过视觉直观展示动作,而讲解则通过听觉传递动作要领。将两者相结合,能够增强学生的感知效果,使技术动作的内在联系能够更加清晰地展现给学生,其效果远胜于单独使用其中一种方法。

(三)完整法与分解法

完整法旨在通过不分割的方式,将动作从开始到结束完整地传授给学生。这种方法强调动作结构的完整性和内在联系性,有助于学生形成对动作的整体理解和感知。

分解法则是一种将复杂动作细化为多个部分或局部的教学方法。通过分别教授每个部分,降低学习难度,使学生能够逐步掌握并理解每个细节;最终,通过组合练习,学生可以将这些部分重新组合成完整的动作。

1. 完整法与分解法的主要形式

(1)按动作的结构分解:当面对复杂的动作时,如"屈体分腿跳成俯撑",我们可以采用结构分解法。首先,将动作分解为地上和地面两个主要部分,学生分别学习并掌握这两个部分的动作要领;随后,再将这两个部分结合起来,进行完整的动作练习。这种方法有助于学生逐步深入、逐步掌握动作的全貌。

(2)按身体部位分解:将动作细分为不同的身体部位元素,逐一进行学习和练习;在掌握了各个部位的动作要领后,再将它们结合起来,进行整体动作的演练。以健美操为例,我们可以先将复杂的操化动作拆分为上肢和下肢两部分进行单独训练,待熟练后再进行整体的配合练习。

2. 完整法与分解法的教学策略

(1)对于结构简单的动作,教师可以采用完整法进行教学,这样有助于学生全面理解和掌握动作。

(2)面对技术复杂或难以直接分解的动作,教师可以考虑采用简化版的完整教学法。通过适当减缓动作的速度或降低其幅度,使学生能够更加清晰地感知动作的运动路径和变化,从而增强对正确完成动作的感知能力。当学生逐渐熟悉并掌握了这些基础动作后,再逐步增加速度或幅度,进行完整的动作练习。

(3)针对那些对身体素质有较高要求或潜在风险较大的动作,推荐优先使用分解法进行教学。通过分解动作步骤,可以降低学习难度,并减少受伤的风险。

(4)在教授动作时,可以根据动作的结构特点选择合适的教学法。如果动作各部分相对独立,可以按结构逐一分解进行教学;而若动作对协调性要求较高,则更适合按身体部位进行分解。学生在掌握各分解部分后,再进行整体动作的连贯练习。

3. 运用完整法与分解法的注意事项

(1) 分解教学主要是为了帮助学生分阶段地掌握技术动作,它通常作为完整教学的辅助手段,因此不宜长时间依赖分解法进行教学,以免影响学生对完整动作的理解和掌握。

(2) 在分解动作时,教师应确保动作的完成形式和顺序不被改变,以保证教学的准确性。

(3) 完成分解教学后,应通过完整教学法进行强化,并特别关注分解动作之间的衔接,确保整套动作的连贯性。在健美操教学中,完整法与分解法常常相互补充、交叉使用,并与其他教学方法相结合。

(四) 提示法

提示法是教师在健美操教学中引导学生练习的重要方法,这种引导可以采用语言或非语言的方式。

1. 提示法的主要形式

(1) 语言提示法:在教授健美操时,教师使用精准、简明的语言或口令,为学生指明动作的名称、执行的时间、重复的次数、方向以及应达到的标准,确保学生能够准确理解和执行。学生根据这些提示,能够更准确地完成动作,提升动作质量,并与音乐节拍完美融合。这种提示法在有氧健身操教学中尤为关键。

(2) 非语言提示法:除了语言之外,健美操教学中还包括一系列运用身体行为作为提示手段。非语言提示能深化学生对动作的理解与记忆,其影响力有时超越言语,更易为学生所接受。在健美操教学中,非语言提示构筑起师生间沟通的桥梁,可实现高效交流。

2. 提示法的教学策略

语言提示法的教学策略

(1) 口令节拍:根据健美操音乐的特性,教师会对每个乐句的 8 拍进行计数。这种数拍子的方式在初学者中尤为常见,其关键在于培养学生独立适应音乐节奏的能力,而非过度依赖教师的提示。

（2）动作提示：对于即将进行的动作次数和新动作名称，教师通常会提前2拍或4拍进行提示。例如，在完成2拍动作后，若下一个动作是十字步，教师会从上一个8拍的第1拍开始进行提示。此外，动作提示还包括身体姿态的纠正、动作方向的指引以及激励性语言的运用等。

（3）语气：在健美操教学中，教师应灵活调整语气和语调，以耐心、专业的指导方法和丰富的教学经验，使学生更好地融入学习情境。

非语言提示法的教学策略

（1）手势：手势是健美操教师常用的教学技巧，通过手势可以有效地提示动作的方向、名称、完成形式以及重复次数等关键信息，帮助学生更好地掌握动作要领。

（2）面部表情及眼神：教师的微笑、眼神交流等面部表情变化能够激发学生的学习热情，增强自信心。这种亲切和真诚的教导方式能够让学生感受到教师的关怀与支持。

（3）标志物和信号：在健美操教学中，学生有时会因为记忆不足或注意力不集中而无法连续跟随音乐完成动作；此时，教师可以利用场地中的标志物来引导学生的运动方向或进行转体，同时也可以通过拍手、响指等声音信号来提醒学生注意下一个动作，确保教学的顺利进行。

3. 运用提示法的注意事项

语言提示注意事项

（1）提示语言要精练准确，声音要洪亮有力。使用术语或提示动作时，应尽可能简短、明确，避免使用贬义词，以免给学生带来负面影响。

（2）把握提示时机和语速是关键。预留的言语时间若不足，语速过快，则学生可能难以捕捉提示细节，进而影响动作的流畅性和完成度。因此，教师应根据教学实际情况，合理安排提示时机，控制语速，确保学生能够准确接收并理解提示信息。

（3）及时纠正错误：当发现学生出现错误时，教师应迅速识别错误原因，并以积极正面的方式予以纠正，注意保护学生的积极性，避免打击其自信心。

（4）经常鼓励学生：面对学生情绪低落、体力透支或信心不足的情况，教师应运用充满积极性、引导性和鼓励性的语言，激励学生坚持到底，攻克难关。

非语言提示注意事项

（1）清晰展示肢体语言：教师在使用肢体语言进行提示时，应确保学生能够清晰看到并理解手势的含义。如有需要，可适当放大动作，提前向学生解释课上将使用的身体语言，以便学生更好地理解和配合。

（2）语言与肢体相配合：在使用肢体语言时，结合语言的提示可以使提示内容更加明确，有助于学生更好地理解和掌握动作要领。

（3）运用面部表情与眼神：教师应灵活应用微笑、眼神交汇、点头等面部表情与眼神变化，以鼓励学生、增进互动，这些细微的动作都能够给学生带来正面的影响，提高他们的学习动力。

（4）手势提示需提前并固定：教师运用手势提示时，需根据教学流程提前准备，确保提示时机恰当。手势应保持相对固定，既可采用通用手势，也可形成个性化风格，便于学生辨识和跟随。

（五）练习法

练习法是一种有效的教学方法，它使学生在教师的专业指导下，按照既定的动作规范，通过持续不断的实践来逐步掌握和完善技能、技巧，甚至形成稳固的行为模式。此方法不仅有助于学生深化对动作技巧的理解并巩固其掌握，也为教师提供了指导和帮助学生纠正错误、精进动作技巧的机会。此外，实践训练法在锻炼身体、提升体能方面也具有积极的推动作用。

1. 练习法的主要形式

（1）单个动作练习：此方法专注于健美操中某一具体动作的反复、持续练习，尤其适合初学者，可帮助他们逐步熟悉和掌握动作要领。通过这种形式的练习，教师可以更容易地观察并纠正学生的动作，从而帮助学生更快地掌握和提高单个动作的技巧。

（2）组合或成套动作练习：这一形式强调对健美操中的组合或整套动作进行多次、系统的练习。这适用于学生已经掌握基本动作后，需要进一步提高和巩固的阶段。通过加大运动负荷，不仅能锻炼学生的体能、提高耐力，还有助于深化学生对技术动作的理解，同时也有助于培养他们的坚强意志和毅力。

2. 练习法的教学策略

（1）防止错误动作的重复：当教学过程中发现错误动作出现，教师应立即给予纠正,强调动作的技术要领,让学生在有限的时间内加强练习,以防止形成错误动作的动力定型。

(2)防止运动损伤的发生:在练习过程中,一旦发现学生过度疲劳,应立即给予休息并调整时间。这样可以确保学生在间歇中继续提升动作技能,并在充分休息后重新投入练习,从而有效降低受伤的可能性。

(3)加强动作技能的肌肉记忆:随着学生对动作熟练度的增加,应引导他们回顾每个动作环节,注重细节,以提高动作的完成质量。

3. 运用练习法的注意事项

(1)科学安排运动负荷:运动负荷的设定应紧密结合每节课的教学内容和目标。教师在课前应做好充分准备,确保运动量适中、不同运动交替进行,合理调整运动强度和密度,以保证学生获得最佳的锻炼效果。

(2)合理安排重复次数:在练习过程中,重复次数过少可能导致学生锻炼效果不佳,难以掌握和巩固动作;而重复次数过多又可能导致动作变形,降低学生的练习兴趣。因此,教师应根据学生的实际情况,科学安排重复次数,确保学生在练习中能够稳步提升。

(3)系统指导学生的练习过程:在健美操教学中,教师应帮助学生形成明确的动作认知,涵盖路线、方向及关键要领,助力他们在脑海中构建精准的动作形象。练习结束后,鼓励学生回顾与对比动作细节,培养学生细腻的肌肉感知,从而精准掌握动作技巧。

二、有氧健身操常用教学方法

除了之前提到的常用教学方法外,健美操教学还常常采用一些国际上通用的教学方法。以下是其中一些主要的方法。

(一)递加循环法

递加循环法常用于健美操教学,学生每掌握一个8拍动作后,即与前序动作连贯练习,形成逐步递加的循环模式。此法亦适用于不同动作组合的衔接,有助于学生深入理解动作间的关联与转换技巧。递加循环法示例如下表(表5.1)。

表 5.1 递加循环法示例

动 作 节 拍	动 作 名 称
学习 A(1×8 拍)	2Mambo
学习 B(1×8 拍)	2Grapevine
A+B(2×8 拍)	2Mambo+2Grapevine
学习 C(1×8 拍)	Easy walk+V step
A+B+C(3×8 拍)	2Mambo+2Grapevine+Easy walk+V step
学习 D(1×8 拍)	2Step curl+Double step curl
A+B+C+D(4×8 拍)	2Mambo+2Grapevine+Easy walk+V step+2Step curl+Double step curl

在采用递加循环法进行学习时,每个 8 拍的动作必须熟练掌握后,方可继续学习下一个 8 拍。若在过程中发现某一 8 拍掌握不佳,需回头重新学习,以确保动作间的流畅衔接。此法不仅有助于提升练习的频率和强度,还能使运动负荷分布更为均匀,进而优化教学效果。

(二) 连接法

连接法常常被称为"部分到整体法",其操作方式是:首先分别教授 A 和 B 动作,待两者都掌握后,再将它们连接起来。接着,同样地教授 C 和 D 动作,并将它们连接。最后,将已经连接好的 A+B 动作与 C+D 动作再次连接,从而形成完整的组合套路。这种方法有助于学习者逐步掌握并整合各个动作,最终完成复杂的套路,连接法示例如下表(表 5.2)。

表 5.2 连接法示例

动 作 节 拍	动 作 名 称
学习 A(1×8 拍)	2Mambo
学习 B(1×8 拍)	2Grapevine
A+B(2×8 拍)	2Mambo+2Grapevine

续 表

动作节拍	动作名称
学习C(1×8拍)	Easy walk+V step
学习D(1×8拍)	2Step curl+Double step curl
C+D(2×8拍)	Easy walk+V step+2Step curl+Double step curl
A+B+C+D(4×8拍)	2Mambo+2Grapevine+Easy walk+V step+2Step curl+Double step curl

连接法有助于构建复杂的组合套路,但初始连接时,动作组合不宜过长,以免增加学生记忆的难度。

(三) 线性渐进法

线性渐进法是将单个动作依次串联,每次仅改变一个元素,如上肢或下肢的动作,或引入其他变化因子。这种教学方法简单直接,不会形成复杂的组合或套路,更偏向于自由式教学。在线性渐进的过程中,每次的变化都应平滑过渡,所选动作应丰富多样,并注意平衡动作的类型和强度,以确保线性过渡的有效性。线性渐进法示例如下表(表5.3)。

表5.3 线性渐进法示例

节 拍	组 合	下肢动作	方 向	上肢动作
4×8拍	A	16Step touch	面朝前	叉腰
4×8拍	A	16Step touch	面朝前	*屈肘上提
4×8拍	B	*8Double Step touch	面朝前	屈肘上提
4×8拍	B	8Double Step touch	面朝前	*自由摆臂
4×8拍	C	*8Grapevine	面朝前	自由摆臂
4×8拍	C	8Grapevine	面朝前	*前伸
4×8拍	D	*4(Grapevine+2Leg curl)	面朝前	前伸
4×8拍	D	4(Grapevine+2Leg curl)	面朝前	*自由摆臂

注:*表示变化因素。

(四) 金字塔法

金字塔法是一种重复单个动作次数的方法,像金字塔形状一样。其中逐渐增加重复动作次数称为"正金字塔法"(图5.1),逐渐减少重复动作次数称为"倒金字塔法"(图5.2)。

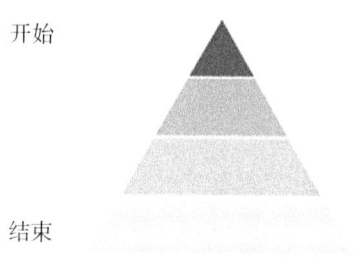

图 5.1　正金字塔法

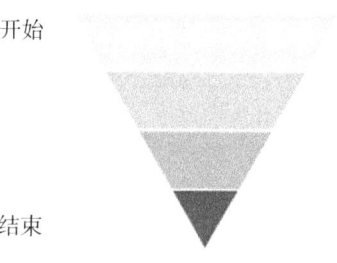

图 5.2　倒金字塔法

1. 正金字塔法

1 Leg Curl R＋1 Leg Curl L

2 LegCurl R＋2 Leg Curl L

4 Leg Curl R＋4 Leg Curl L

8 Leg Curl R＋8 Leg Curl L

2. 倒金字塔法

8 Leg Curl R＋8 Leg Curl L

4 Leg Curl R＋4 Leg Curl L

2 Leg Curl R＋2 Leg Curl L

1 Leg Curl R＋1 Leg Curl L

正金字塔法的主要优势在于能够引导学生专注于动作技术,有利于身体姿态的准确性与练习强度的把握;相对而言,倒金字塔法则能够逐步增加组合动作的复杂度,这种新颖的变化能够不断给予学生新的刺激,从而激发他们的练习兴趣。

(五) 过渡动作法

在教授新动作或组合之前,通过引入一个或多个简单的过渡动作,帮助学生逐步掌握主要动作和组合。这种在初始阶段使用过渡动作,随后在熟练掌握后去除的方法,被称为"过渡动作法"。下表 5.4 是过渡动作法的示例。

表 5.4　过渡动作法示例

动　作　节　拍	动　作　名　称
过渡动作 N	Step touch
学习 A(1×8 拍)	2Mambo
A+N	2Mambo+4Step touch
学习 B(1×8 拍)	2Grapevine
B+N	2Grapevine+4Step touch
A+B+N	2Mambo+2Grapevine+8Step touch
学习 C(1×8 拍)	Easy walk+V step
A+B+C+N	2Mambo+2Grapevine+Easy walk+V step+4Step touch
学习 D(1×8 拍)	2Step curl+Double step curl
A+B+C+D(4×8 拍)	2Mambo+2Grapevine+Easy walk+V step+2Step curl+Double step curl

加入的过渡动作应相对固定,可选择 March、Step touch、V step、Jog 等,但不宜过多,以避免学生感到单调乏味。过渡动作的使用应根据动作组合的难易程度进行灵活调整。重要的是,在完成整套动作组合之前,必须去除过渡动作,确保动作的连贯性和完整性。通过采用过渡动作法,可以有效保持学生的练习强度,同时放松大脑,有利于提高学习效率。

(六) 层层变化法

层层变化法是一种过渡技巧,它涉及在原有动作组合的基础上,每次仅改变一个八拍的动作,从而逐步引导至另一个不同的动作组合。这种方法强调逐步性和重复性,即每次改变一个动作后,都需要重复整个组合,以确保学生能够充分掌握并适应这些变化。通过这种逐步过渡的方式,学生可以更加顺利地从简单的动作组合过渡到新的或更复杂的组合,从而提高学习效果和动作流畅性。层层变化法示例如下表(表5.5)。

表5.5 层层变化法示例

动 作 节 拍	动 作 名 称
A(1×8拍)	2Mambo
B(1×8拍)	2Grapevine
C(1×8拍)	Easy walk+V step
D(1×8拍)	2Step curl+Double step curl
改变A:	
A(1×8拍)	*4Step touch
B(1×8拍)	2Grapevine
C(1×8拍)	Easy walk+V step
D(1×8拍)	2Step curl+Double step curl
改变B:	
A(1×8拍)	4Step touch
B(1×8拍)	*Walk fwd/bwd knee
C(1×8拍)	Easy walk+V step
D(1×8拍)	2Step curl+Double step curl
改变C:	
A(1×8拍)	4Step touch
B(1×8拍)	Walk fwd/bwd knee
C(1×8拍)	*Mambo+March turn360°
D(1×8拍)	2Step curl+Double step curl
改变D:	
A(1×8拍)	4Step touch

续　表

动 作 节 拍	动 作 名 称
B(1×8拍)	Walk fwd/bwd knee
C(1×8拍)	Mambo+March turn360°
D(1×8拍)	*4Jumping jack

注：*表示变化因素。

教学方法是教学内容得以有效传递的关键手段，对其巧妙运用能够显著改变课堂氛围，使之更加活跃生动。同样的教学内容，若采用不同的教学方法，其效果也会大相径庭。上述这些教学方法各具特色与功能，但彼此之间又相互关联，形成有机整体。在健美操教学中，教师应依据课堂的具体需求，灵活选择并配合使用多种方法，使每一种方法都成为促进教学过程、提升教学质量的有效手段。

第四节　教 学 组 织

一、健美操教学课程的类型

健美操课程的分类是基于教学目标、任务、内容、方法以及期望的教学效果等多种因素进行的。每一种课程类型都旨在实现教学系统中的特定目标，这对于提升课堂教学质量以及确保整个教学工作的完整性和系统性至关重要。根据教学内容和性质的不同，健美操教学课程可以划分为理论课和实践课两大类别。

（一）理论课

在健美操的理论课程中，教师会采用讲解、讨论和多媒体教学等手段，帮助学生掌握健美操的基础知识、比赛组织和裁判规则等理论体系。这些教学内容都是根据教育部门和学校的指导方针制定的培养方案和教学大纲来确定的。理论课主要包括引导课、讲授课和赏析课。

1. 引导课

引导课通常是课程的第一课,主要目的是向学生阐明健美操课程的教学目标、要求、评价标准、课堂纪律和行为规范。同时,还会介绍健美操运动的历史背景和发展现状,以及它所带来的技术技能提升和健康锻炼的价值。在上引导课时,教师需要注意:

(1) 提前对所讲内容进行整理和准备,分层次、详细地阐述教学任务、要求和评价标准,突出核心要点,从而帮助学生明确学习目标,调整学习态度,并对健美操有一个正确且全面的了解。

(2) 教师的授课形式要新颖丰富,利于激发学生学习的兴趣。

2. 讲授课

讲授课是指以课堂讲授、讨论以及多媒体教学等方式,通过语言和视觉让学生系统地学习健美操的基本理论知识、教学训练模式、赛事组织及裁判评分方法等;具体教学内容根据上级部门的规定和指示进行教授。

3. 赏析课

赏析课是通过多媒体手段或现场观看训练和赛事,鼓励学生积极鉴赏与分析,进行理性的思考和讨论。在健美操教学中,最常用的是视频赏析和音乐赏析。

(1) 视频赏析:通过让学生观看比赛、表演或教学视频,可以有效拓宽他们的视野,并多角度地激发他们的情感、注意力和兴趣。这样的教学方式有助于培养学生的观察力,使他们能够发现问题,同时也能促使他们反思自身的不足并加以纠正,从而构建新的认知结构,提升认知水平。在教学过程中,教师应精心挑选优秀的比赛或表演视频供学生赏析。

(2) 音乐赏析:在健美操的教学过程中,音乐赏析是一个不可或缺的环节,它可以极大地提升学生对音乐的审美能力。通过这一过程,学生将音乐作为审美的对象,参与赏析活动,从而逐渐构建起自己独特的音乐审美观。这种深入的音乐体验,不仅可以提高学生对音乐美的欣赏能力,还能够增强他们对音乐的敏锐感知力。

(二) 实践课

健美操的实践课程聚焦于学生通过技能学习和身体锻炼,掌握健美操的核心动作和教学技巧,旨在全面提升学生的身体素质,并塑造出健美的体态。根据课程的实际需求,实践课程可被细分为以下几类。

1. 新授课

新课导入阶段主要聚焦于健美操新知识的传授。在这一阶段,学生将学习和初步掌握健美操的新内容,为后续的学习打下坚实的基础。在教学过程中,需要注意以下几点:

(1) 教授新动作时,应遵循由易到难、循序渐进的原则,确保学生在练习过程中能够逐步掌握新的技巧和技能。

(2) 选择恰当的教学方法至关重要。教师应熟悉并正确应用各种教学方法,帮助学生更有效地学习和掌握所学内容。

(3) 确定适宜的负荷量。在教授新的技巧动作时,教师要制定合理的运动处方,使学生在承受适当的运动负荷下,反复练习教授内容,练习与间歇交替进行。

(4) 充分准备课前工作。预先设计练习方案,以便在出现动作错误时,能迅速作出反应并给出具体的建议和指导。

2. 综合课

综合课是指既要复习旧知识、又要传授新内容的课堂教学,在健美操教学中十分常见。在进行综合课程教学时,需注意:

(1) 合理安排教学内容的顺序。通常先复习已学过的内容,再教授新的内容。

(2) 采用合适的教学方法和手段。复习旧知识时,教师可以通过提问、讨论、默念等方式,引导学生回忆并巩固上次课程的内容,包括动作方法、规格、技术要点等,并对动作错误进行纠正。

(3) 合理分配教学时间和运动强度。对复习内容和新授内容的时间进行合理划分,一般新授内容的时间较长,而复习时的运动强度相对较大。

3. 复习课

复习课是以回顾已学教材内容为主,其主要目的是在教师的指导下,巩固和提高动作质量,提升学生在完成动作时的协调性和美感。教学时应注意:

(1) 有明确的教学目标。教师应根据学生在新授课上的实际掌握情况来确定复习的目标,并围绕该目标选择教学方法和内容。

（2）在集体指导的基础上，需注重个性化指导。集体练习时，要细心观察不同学生的学习状况，对基础薄弱的学生，应提供额外的指导与支持，助其建立信心；对于基础扎实的学生，则可以适当提升学习要求，促使其不断追求卓越。

（3）选择适当的教学方法。在复习课中，应注重讲解的精炼与练习的频繁，增加练习密度，以提高已学内容的熟练度。

（4）采用合理的课堂组织形式。复习课上，可以采用分组练习、一对一辅导、小组竞赛等多种方式，这不仅能帮助学生更好地掌握技术要领，还能有效激发其学习热情与兴趣。

4. 考核课

考核课是检验学生学习成果的重要环节。其主要目的是评估学生在以往课程中对教学内容的吸收情况，通过统一的评分标准对学生的表现进行成绩评定。在考核时，需要注意以下几点：

（1）教师应清晰地向学生说明考核的目的、要求和评分标准，确保学生明确考核的意义与要求。

（2）考核前，学生应复习考核内容，做好充分的准备，以便在考核中发挥出最佳水平。

（3）为提高考核效率，教师可以在学生中挑选助手，这既有助于节省时间，又能提高评分的准确性。

二、健美操教学组织的结构

健美操的教学组织结构是指在教学活动中，具有相对稳定性和各自特色的基本组成部分，以及这些部分之间的活动顺序和时间分配。具体到一节健美操课，它通常包括几个核心部分，并各自有其特定的内容安排、教学方法和时间规划。在高中健美操课程中，一种常见的结构方式是将课程分为四个主要部分：开始、准备、基本和结束部分。

（一）开始部分

1. 开始部分的时间安排

开始部分的时间一般为1~2分钟左右（以40分钟的课程为例）。

2. 开始部分的目的任务

在一节健美操课程开始时,需要聚拢学生集合整队,保持队伍的整齐,方便教师展开教学;要求学生依次报数,教师按照班级名单进行点名,确保该班级学生均及时到场,提高纪律性;宣布课程内容和要求,让学生在正式开始学习前,了解本堂课所学内容和安排;安排见习生,允许有身体不适等特殊情况的学生不参加本堂课的练习,可在练习场地一旁进行观摩或做一些辅助工作。

3. 开始部分的内容安排

在健美操课程的开始阶段,通常包括集合整队、师生间的问候、人数的确认、课程内容和要求的宣布,以及见习生的安排等,这些都是常规的课堂教学形式。

(二) 准备部分

1. 准备部分的时间安排

准备部分的时间一般为6~8分钟(以40分钟的课程为例)。

2. 准备部分的目的任务

准备环节的核心目的是使学生从生理和心理层面迅速进入学习状态,为后续的健美操学习奠定坚实基础。这是确保教学流程顺畅进行的关键。其主要任务在于迅速将学生引入学习场景,集中他们的注意力,明确课程内容和要求,同时激活学生的身体机能,激发他们的学习热情,使学生能以饱满的精神和积极的情绪开始上课。

3. 准备部分的内容安排

健美操课程的准备通常以热身操、肌肉拉伸、慢跑等方式调动学生的身体机能,内容主要集中在基本步伐与手臂动作的练习上,通过反复进行单一动作的演练和简单组合动作来进行。

(三) 基本部分

1. 基本部分的时间安排

基本部分通常约为30分钟的时间(以40分钟的课堂为例),确保学生充分掌握与练习。

2. 基本部分的目的任务

在综合课堂中,首先回顾之前学习的内容,然后逐步引入新知识。教学过程中,教师作为引导者,通过详尽的讲解、生动的示范和实际练习,帮助学生理解并掌握动作的精髓与要点。这样不仅能提升学生对健美操知识、技术和技能的理解和掌握,还有助于他们身体素质的提升,同时还可强化思想教育和锻炼意志品质。为了更好地达到教学效果,教师应积极与学生互动,鼓励他们主动发现并提出问题,共同分析讨论。在发现学生动作有误时,应采用鼓励性的语言及时给予指正和补救,确保学生能够有效地巩固和深化所学内容。

3. 基本部分的内容安排

在健美操课程中,首先可以对之前课上的内容进行复习和巩固,然后通过讲解、示范等教学方法帮助学生学习新的技巧和技能,其中可加入教学比赛,使学生在实际运用过程中更好地掌握技巧动作;同时安排体能的练习,不断提高学生的身体素质,以加强对身体的控制能力。

徒手练习、手持轻器械练习及借助于器械的练习的安排如下:

(1) **徒手练习**:涵盖了单个动作、组合动作和成套动作的练习。其中,单一动作主要侧重于身体各部位的基本动作和基本步伐;组合动作则注重姿态和步伐的组合;而成套动作则包括传统有氧健美操、拉丁健美操、搏击操等多种形式。

(2) **手持轻器械练习**:这种练习方式需要手持如哑铃、健身球等轻器械,通过它们来辅助完成单个、组合或成套的健美操动作。

(3) **借助各种器械练习**:利用垫子、踏板等器械进行各种形式的练习。

(四) 结束部分

1. 结束部分的时间安排

结束部分的时间一般为 4 分钟左右(以 40 分钟的课程为例)。

2. 结束部分的目的任务

在经过基本部分的技术动作学习和体能练习后,学生的机体已处于相对疲劳的状态,肌肉和神经较为紧绷,需要在结束部分进行有针对性的整理和放松活动,帮助学生的生理和心理逐渐恢复到相对平静的状态;教师在课

程结束阶段,需以全面且精练的方式对学生的学习状况进行小结与评价,并合理布置课后作业,确保课堂内外的有效衔接,从而体现健美操教学的系统性与完整性。

3. 结束部分的内容安排

结束部分的内容主要聚焦于拉伸与调息活动。这包括通过呼吸配合进行的静力拉伸练习,以及安排一些低强度的抖动和弹动动作,以帮助学生放松身体,达到舒缓身心的效果。

三、健美操教学组织工作内容

健美操教学组织是教师为了更好地完成课程任务和目标,根据教学目标、教学内容、学生实际和场地器材条件等所采取的各种组织措施。健美操课程的组织是教学过程当中不可缺失的一环,教学组织工作的科学性与合理性会直接影响教学的质量和效果,所以教师应熟练掌握教学组织的正确方法,这不仅有利于学生更快地学习和掌握健美操技术动作,而且也可以尽量避免事故的发生,保证教学过程的安全性。健美操教学组织工作的内容包括课堂常规的制定和要求、练习形式的选择、场地器材的布置、教学队伍的调动与安排、学生骨干的培养与使用、课程密度的安排与调控等。

(一) 课堂常规的制定和要求

课堂常规是为了确保健美操教学能够顺利进行而制定的一系列要求和必须遵守的规则。这些常规不仅有助于维护正常的教学秩序和加强教学组织,还对学生的思想教育和文明素质的培养起着至关重要的作用。通常,课堂常规包括学生集合整队、人数清点、师生问候、宣布本节课的教学内容与要求,以及安排见习生等环节。

1. 对教师的要求

(1) 教师应做好课前准备工作,根据大纲和学情制定教案,检查和布置场地,规范着装,端正仪表。

(2) 教师必须严格按照教学大纲和进度安排进行教学,不得擅自改变教学内容。

(3) 教师应提前抵达上课地点,向学生明确本节课的主题与目标,并提出相应的教学要求。

（4）在教学过程中，教师应注重精讲多练，同时加强对学生保护与帮助的力度，确保准备活动与整理练习得到妥善安排。

（5）整理练习完成后，进行集合整队，对课堂学习情况进行小结和点评，提出改进意见，并布置课后练习任务。

（6）教师还需检查并监督学生归还器材等工作的执行情况。

2. 对学生的要求

（1）学生上课时应穿着适合运动的服装，避免佩戴耳钉、戒指等可能带来安全隐患的物品。

（2）若因故无法正常上课，学生应提前向教师请假并说明情况。

（3）学生应自觉遵守课堂纪律，听从教师指导，正确使用练习器材，自主进行练习，并努力完成教师布置的任务。

（4）学生应积极进行自我评价与同伴评价，总结练习中的不足，认真对待课后作业，并在闲暇时间复习和练习课堂内容，积极参与体育活动，坚持体育锻炼。

（二）练习组织形式的选择

教学组织形式是为了完成特定教学任务，教师和学生按特定要求组合起来进行活动的结构。健美操课程的教学目标、内容及过程都需要通过适当的组织形式来实现，因此，选择正确的教学组织形式对提升教学活动的效率至关重要。

1. 集体练习

集体练习指的是所有学生同时进行的练习方式。这种方式便于教师统一指挥与组织，节省教学组织时间，通过集中讲解与示范，满足练习强度和密度的要求，从而提高教学过程的效率。在集体练习过程中，需要教师观察每一名学生的练习情况，在发现错误案例时，可进行集中展示并纠错。

2. 分组练习

教师在实施教学任务时，需根据练习内容、学生数量以及场地设施条件等因素，灵活选择分组方式。例如，可以将学生划分为两个小组，每个小组执行相同的练习内容，然后两组交替进行训练。或者，将学生分为若干小组,每组负责不同的练习内容,按照顺序轮换进行。

在进行分组教学时,教师需要目标明确、计划周密地进行巡回指导。同时,教师的站位也很重要,既要能方便地指导所负责的小组,又要能观察到其他小组学生的活动情况,确保整个教学过程的有序进行。

在健美操课程中,教师要灵活应用不同的练习组织形式,熟悉、了解不同练习组织形式的不同特征与作用;也可将不同的练习组织形式进行结合,在一堂课中发挥各自的优势。正确合理地应用练习组织形式可激发学生的练习兴趣,丰富技术动作的练习手段,使练习效果能够得到较大的提升。

(三) 场地与器材的布置

作为室内运动项目,健美操课程场地与器材的布置至关重要。它不仅仅要满足实用性、舒适性和功能性的需求,更要体现人性化的理念,为参与者打造一个轻松愉悦、精神焕发的健身环境。因此,教师在课前必须对场地进行细致的观察和规划,确保教学环境与健美操课程的需求相契合。

在教学过程中,场地器材的布置更是教学成功的关键。在布置时,应遵循便于教学的原则,既要确保教师能够流畅地进行讲解与示范,又要考虑到学生练习的便利性和安全性。通过精心布置,为健美操教学创造一个既实用又美观的学习空间。同时,器材的布置需要预留足够的空间,加大学生与学生之间的练习距离,并且选择最适合练习内容的器材,做到物尽其用。

1. 运动场地的点、位、线

在布置运动场地时,明确点、位、线的设置是至关重要的。这些元素能够有效地标明场地的方位、运动区域的位置、器材的摆放位置以及标示布置的基础要求。一般而言,确定这些要素需要遵循以下步骤:

(1) 测量场地的横轴线、纵轴线和中心点

为了保障场地布局的合理性及美观度,需要首先确定场地的横轴线、纵轴线和中心点。这涉及对场地长度和宽度的测量,通过连接场地两个边线的中点形成横轴线,连接场地两个端线的中点形成纵轴线。而横轴线与纵轴线的交点,即为场地的中心点。对于圆形场地而言,中心点也是其圆心。

(2) 场地点、位、线的标注

场地中的点、位、线标注涵盖了场地的界线、距离标志、跑道以及准备区

域等。在标注时,必须深入理解场地规格的描述,确保标注位置的准确性。

(3)设置场地的线段

根据已测量并标注好的点、位、线位置,进行场地的线段设置。在设置线段时,应严格依照测量时所做的标记,确保线段位置的准确性。

2. 体育场地线段的画法

(1)胶带贴线

胶带贴线法特别适合用于健美操室内运动场馆,因其操作便捷、易于去除,适用范围广泛。在贴线时,需先对场地线段进行标记,选择适当的胶带宽度和颜色;随后,拉出胶带,对准标记慢慢贴上,同时用干布压实、捋平胶带;最后用裁刀修饰边缘,以达到整洁美观的效果。

(2)预制移动线

预先在需要设置场地的位置做好标记,随后展开预制线(如布带线、塑料线、金属线等),确保线条沿着标记铺设,并牢固固定。

3. 体育场地标志布置

标志线是根据不同的教学需求,在特定位置设置的标明记号的线。这些标志线不仅有助于组织课堂、确保练习安全,还能增强学生的练习兴趣,营造活跃的课堂氛围。

(1)标志类型

点、线、面标志:这些标志用于明确标示点、线、面的位置。例如,用标志线划定练习范围,让学生在此区域内完成成套动作,或使用标志点指导学生准确落脚。

限制性标志:这类标志旨在提高动作的准确性或防止错误动作。比如,通过放置特定高度的垫子,要求学生腿部抬高时不触碰垫子,以展示标准动作。

诱导性标志:利用物体作为标记,引导学生达到预期动作要求。例如,在抬腿移动时,设置一定高度的橡皮筋作为标志,帮助学生体验跨步移动的感觉。

(2)标志布置技巧

为了提高效率,避免场地混乱和学生注意力分散,应尽量减少标志线的数量,并尝试采用"一线多用"的策略,使每条标志线发挥多重作用。

选用器材来替代标志线(物):可以选用课程中常用的体育器材来代替标志线,这样既能避免资源浪费,又能减少标志线对视线的遮挡,从而获得更好的效果。标志物的使用时机非常关键,其目的是为了标记人体运动、器械和场地之间的远度或高度关系,进而提升学生的自我时空调节能力。在教学中,标志物的出现时间需恰到好处,既不能太早也不能太晚,只有选择恰当的时机,才能充分发挥其作用。

(四) 教学队伍的调动与安排

教学队伍的调动与安排应有明确的目的,一切形式的教学队伍都是在为教学内容的展开而做准备。每堂健美操课程的教学目标和教学内容等均不相同,教学队伍也应进行一定的改变和调整,要根据教学的实际情况,合理正确地调动学生队伍,以便教学更好地开展。基本要求具体有以下几个方面:

(1) 调动与安排队伍要有利于学生学习

学生是健美操教学课程的主体,教学队伍的调动必须考虑到学生的学习状况。队伍的调动要便于学生听讲解、看示范,队形应与其练习方向、行进路线尽可能保持平行,并须考虑学生练习时相互观察的角度,方便学生之间相互学习,同时也要方便教师对学生练习的观察,能够及时发现动作的错误并给予纠正。

(2) 调动与安排队伍要把握合理时机

在健美操课堂教学中,队伍调动是至关重要的环节,贯穿于整个教学过程。从集合整队开始,到热身活动、基本部分的讲解示范和练习,再到结束时的放松和整理,都需要对队伍进行适时调整。这些调动应以教材内容为核心,紧密结合教学方法,确保在恰当的时机进行,以提升教学效果。在一堂课中,队伍调动的时间和次数不宜过多,以节省移动时间,将更多的精力投入练习过程当中,提高教学效率。

(3) 调动与安排队伍要防止盲目追求形式

健美操课程教学队伍的调动要有明确的指向,既要避免由于随意指挥导致课堂整体性下降,又要防止过度追求学生队伍的整齐划一,导致教学僵化呆板,不利于学生在宽松的气氛下进行练习。要根据课堂教学的需求,恰当、适时、巧妙地运用队形来帮助组织教学。

（4）调动与安排队伍要符合安全的原则

任何队伍形式的调动都要以相互不妨碍为原则，例如健美操课程需要几个人在一块场地上同时进行成套动作的展示，上肢的摆动和下肢的移动都需要一定的空间，因此，对练习队伍的安排，需要考虑当前练习内容的具体情况，保障学生在练习过程中的安全性。

（五）学生骨干的培养与使用

在健美操教学中，学生既是课堂的主体，也是教学内容实施的主体。教师应善于发现和培养具有一定能力的学生骨干，让他们协助教师进行教学活动，这样既能够发挥其特殊的作用，也可使教学氛围更为融洽和欢乐。

1. 发掘骨干学生潜力

在教学过程中，教师应敏锐地发现那些表现出刻苦精神、学习能力强及身体条件优秀的学生。这些学生在动作规范性、姿态优雅度、幅度和力度控制、方向准确性以及音乐节奏感方面往往更为突出。

2. 促进骨干学生成长

教师应特别关注那些表现突出的学生，对他们的动作完成情况进行细致观察，并优先给予他们错误纠正，以帮助他们更快地成长。同时，肯定他们的学习成果，树立其自信，并在班级中建立起威信，使他们能够迅速成为同学们的榜样和教师的教学助手。

3. 利用骨干学生优势

在教学组织和实施过程中，应充分利用这些表现突出的学生的优势。他们不仅要在学习中起到带头作用，还应协助教师完成课堂教学及组织工作。例如，当发现错误时，可以请这些学生进行动作示范；在教师无法顾及所有学生时，他们可以辅助指导其他同学。此外，这些学生在健美操教学中扮演着学生和教师之间关键的联系角色，是教学工作不可或缺的重要推动者。

（六）课程密度的安排与调控

健美操教学中，课程密度尤为关键，反映了活动时间与总时间的比例。

课程密度包括综合与练习两大方面。综合密度考虑教师指导、组织、学生练习、休息以及观摩互动；练习密度特指学生实际练习时间占总课时的百分比。合理安排和调控课程密度，有助于提升教学效果和学习效率。课程密度不仅对教学内容的成功开展具有非常大的影响，而且对学生能否掌握技术、技能有着重要的意义。

1. 周密设计教学内容

一堂健美操课程的练习时间、指导时间和休息时间是有一定比例关系的，教师需要根据课程的教学目标、教学内容、学生情况等，合理搭配练习内容和时间。例如，在健美操课上，安排的教学内容不能将指导时间和练习时间完全分成上、下时间段，而需要在练习时间中加入指导时间，让学生在练习过程中也能够集中聆听教师的讲解；同时，练习内容也应与休息时间相结合，保持间歇性的练习，保证学生始终能以良好的身体状态投入到学习当中。

2. 改进提高组织方式

在健美操课程中，应尽可能采用简明易懂的教学组织形式，这样有助于学生更快地了解和熟悉各个练习环节的顺序以及队伍轮换的规定。同时，需要加强对学生队伍队形变换和调整的训练，减少不必要的教学组织环节，从而确保教学活动的顺畅进行，并有效提高教学效率。

3. 合理运用教学方法

教师要不断钻研教法，熟悉各种教学方法的功能和特点，将教学方法进行改进以适合教学内容的开展。上课时，力求精讲多练、突出重点，合理运用适宜的教学方法，恰当安排课程密度。

4. 加强课堂纪律教育

教师在课堂上需明确各项组织纪律和规定，并积极引导学生投入到练习中。通过明确学习目标，使学生能够自觉主动地参与教学过程并与教师紧密配合，从而提高课堂效率。同时，要充分发挥体育骨干的协助作用，以减少不必要的时间浪费。

第五节　教　学　评　价

教学评价是以教学目标为核心，采用科学方法评估教学过程及效果的过程。健美操课程中的教学评价则是依据设定的教学目标和质量标准，全面分析教学过程并评估其优劣得失。教学评价不仅针对教师，也涉及学生，是健美操教学中不可或缺的一环，能有效检验教学目标的达成情况。

一、健美操教学评价的功能

（一）诊断功能

健美操教学评价具备多重功能。首先，它具备诊断功能，能够深入剖析健美操教学结果及其背后的原因。通过全面评价课前准备、课堂教学和教学效果，可以了解教学的整体状况，识别教学中的成效与不足，进而调整教学策略，优化教学方法，提升教学质量。

（二）导向功能

教学评价还具有导向功能，能够引导评价对象朝着既定的目标努力。健美操课程的教学评价内容和标准能够为教师提供教学方向和目标，同时为学生指明学习方向和学习内容。此外，评价结果所反馈的信息，可以为后续的教学决策、教学内容和教学方法制定提供新的思路，推动教学的持续改进和完善。随着时代的进步和教育的发展，教学评价的内容和重点也需与时俱进，以适应教育的新需求，充分发挥其导向作用。

（三）激励功能

健美操教学评价在教师和学生中起着监督和强化的作用。正面的评价能够进一步激发师生的学习兴趣和工作热情，提升他们的积极性和主动性；而负面的评价虽然会对积极性产生一定影响，容易引发悲观情绪，但同时也能让师生认识到自身的不足，找到针对性的解决方法并及时纠正。对于教师而言，适时的教学评价有助于明确教学方向，提升教学水平，增强责任意识；对于学生而言，教师的表扬和奖励能够激发他们的学习动机，提高学习积极性和学习效果。

（四）调控功能

健美操教学评价具备调控功能，能够调节和控制教师的教学方式以及

学生的学习模式,使教学过程成为一个能够及时获取反馈并进行调节的可控系统。通过教学评价,可以及时了解教与学的具体情况,发现教学过程中存在的问题,帮助教师根据反馈调整教学计划,指导学生改进学习策略和方法,以达到理想的教学效果。

二、健美操教学评价的内容

(一)对教师的评价

健美操教师评价主要围绕其专业素质和课堂教学两个方面进行。这是提升健美操教师专业素养和课堂教学质量的关键手段。

1. 对教师专业素质的评价

健美操教师的专业素质是支撑其教学活动的基础,包括教师职业道德、教学与训练能力、专业信息素养以及科研能力等方面。这些素质共同构成了教师从事教育活动的基本条件和品质。

教师职业道德是教师在教育实践中必须遵循的行为规范和道德标准,其核心在于职业责任和态度,以及对学生的关怀与尊重。而教学与训练能力则是教师基于教学大纲和学生成长规律,利用恰当方法提升学生技术、技能和身体素质的关键能力,包括对课程目标的理解、教学方法的掌握及教学基本技能的运用等。

健美操专业信息素养是教师利用信息技术手段有效收集、整理、分析教学信息的必备能力,涉及健美操相关文献的查询、信息处理软件的使用以及教学方案的撰写与加工。

科研能力则强调教师独立进行科研活动的能力,包括积极学习的态度、独立研究课题以及撰写有价值科研论文的能力。

2. 教学质量评价

教学质量评价的主要目的在于客观、公正、及时、可靠地评估教学工作的质量和效果,通过反馈帮助教师发现教学中的优点与不足,进而改进教学工作,促进教师的个人发展和教学水平的提高。

(1) 教学目标

主要考察健美操教师的教学指导思想是否紧密贴合教学大纲和新课标的基本理念,是否准确体现体育教学目标,以及是否符合《体育与健康课程标准》及相关教育方针的要求。

(2) 教学内容

主要包括健美操教师对教学内容的选取与教学指导文件方向是否一致、重点与难点问题是否处理得当、技术动作的练习难度是否恰当等方面。

(3) 教学组织

健美操教师应关注教学环节设计的合理性、学生队伍的调动严密性、课堂秩序管理的有序性，以及课堂教学效率的高低。

(4) 教学方法与技巧

健美操教师需要选择恰当的教学方法和手段，确保师生间交流顺畅，指导学习方法正确。

(5) 教学效果

健美操教师应关注教学目标是否实现，学生是否掌握教学内容且能否积极主动地学习，激发并保持学生对运动的兴趣，以及促进体育锻炼习惯的形成。

(二) 对学生的评价

对学生的教学评价内容，主要包括身体素质和运动能力、运动技能水平、体育和保健知识的掌握、学习进步程度、运动精神以及体育学习态度等方面。

1. 体育基础知识

考察学生对体育与健康知识的认知程度，对课程社会价值和重要性的认识，以及学习方法选择的合理性。体育认知对学生的体育学习态度与动机水平具有重要影响。

2. 身体素质和运动能力

良好的身体素质和运动能力是健美操技术动作练习的基础。评价内容涵盖达标测验项目的评定、运动技术与战术水平，以及身体素质的提升幅度等。教师可根据学生实际情况，制定合适的身体素质评价标准。

3. 学习态度与情感

体育学习态度与情感是培养学生终身体育习惯的重要推动力，也是体育学习评价不可或缺的一部分。评价时，主要关注学生在体育活动中的主动参与程度、在运动中的自信心、如何在练习及比赛中调节和控制情绪，以及在体育运动中如何与他人进行有效的合作与交流等。为了全面评估,通常会结合自我评价、学生间的互评以及教师的评价。

4. 学习能力

学习能力,或称为学习力,是指个体习得新行为、才能或行为倾向的能力。对学习能力进行评价,主要是为了了解学生对课堂内容的掌握程度以及他们如何运用所学知识、技术和技能来完成教学任务。这主要包括学生对新知识和技能的认知能力、他们如何运用不同的学习方法和手段、他们的教学组织能力,以及课后自我锻炼的能力。通常可采取教学展示和学习进度检验对学习能力进行评价。

(三)健美操运动学习评价案例

以高中健身健美操为例,学习评价内容、方法和标准如下表 5.6 所示。

表 5.6　健身健美操运动学习评价内容、方法和标准

序号	学习目标	评价内容	评价方法	评价标准
1	能够配合音乐节奏正确做出 8～10 个基本手臂和基本步伐组成的操化动作组合,以及在完成过程中展示出一定的体能水平;能够运用所学裁判知识辨识操化动作的姿态、力度美。	健身健美操 8～10 个 8 拍操化动作组合展示;对他人操化动作的评价;体能水平进步幅度。	测试一:8～10 个 8 拍操化动作组合个人展示测试(现场观察评价);对他人操化动作进行评价(现场测试);测试二:体能水平现场测试。	测试标准见表,体能进步幅度可参考《课程标准》中的案例。
2	能够完成 8～10 个 8 拍操化动作单元的集体展示、比赛。	操化动作组合集体展示、比赛。	测试三:8～10 个 8 拍操化动作组合集体展示、比赛(现场观察测试)。	测试标准见表。
3	掌握健美操初级理论知识;学生对于一般健康知识、专业知识的学习及运用。	健美操初级理论知识;一般健康知识、专业知识测试。	测试四:纸笔测试。	测试标准可参考《课程标准》中的案例制订。

续 表

序号	学习目标	评价内容	评价方法	评价标准
4	勇于展示个人和团队,并能与同伴进行一定的交流和合作,表现出谦虚好学、不怕困难、坚持到底的良好品德。	在学练、展示和比赛过程中表现出的体育品德。	测试五:观察评价。	观察评价标准见表。

表 5.7 八拍操化动作组合个人展示测试评价标准

掌握程度	评 价 标 准
水平 1	动作不熟练、遗忘动作情况较为严重;动作与音乐节拍不吻合;身体形态差;手臂动作姿态差且不规范,行进路线不正确,手臂动作速度、力度差,无定位;基本步伐动作不正确,场地、路线使用错误;不能对他人操化动作进行评价。
水平 2	部分动作不熟练;部分动作与节拍不吻合;身体形态不标准;部分手臂动作未按照规定路线完成且误差较大,手停无力度、定位不清晰;部分基本步伐动作不规范,场地、路线使用误差较大;对他人操化动作的评价不准确。
水平 3	动作比较熟练;动作与音乐节拍大部分吻合,部分身体形态不标准;手臂动作基本按照规定线路行进,偶有误差,手臂动作力度欠缺、有定位;基本步伐动作较为准确,场地、路线利用有一定误差;对他人操化动作的评价比较准确,能说出一定的优点和缺点。
水平 4	动作娴熟;动作与音乐节拍比较吻合;身体形态较为标准;手臂动作线路比较清晰,手臂动作有力度、有定位;基本步伐动作准确,场地、路线利用正确;对他人操化动作的评价比较准确,能说出主要问题所在。
水平 5	动作非常娴熟;动作与音乐节拍完全吻合;身体形态非常标准;手臂动作线路非常清晰,手臂动作力度恰当,定位非常干脆、清晰;基本步伐非常准确,场地、路线利用非常精确;对他人操化动作的评价非常准确。

表 5.8 八拍操化动作组合集体展示、比赛测试评价标准

表现	评 价 标 准
水平 1	大部分学生动作不熟练;成套动作一致性、完成质量较差;部分学生体能状况较差,队友间配合不默契,成套动作散漫无章。

续 表

表 现	评 价 标 准
水平 2	部分学生动作不熟练;部分动作一致性不好,完成质量不高;部分学生体能不充沛,与队友配合不默契。
水平 3	小部分学生动作不熟练;个别学生动作节奏、速度不正确导致一致性受影响,个别学生动作完成质量不高;个别学生体能不充沛,与队友配合不默契。
水平 4	个别学生动作不熟练;动作一致性较好、完成质量较高;学生体能充沛、配合默契。
水平 5	所有学生动作非常熟练;动作整齐划一、完成质量非常高;学生体能非常充沛、配合非常默契。

表 5.9　各小组团队学习评价标准

表 现	评 价 标 准
水平 1	在训练和比赛中偶有退缩或抱怨,不能积极克服困难;有不遵守规则和要求的行为举止;在训练和比赛中有不尊重他人的表现;未能完全认识到自己的角色、担当和职责所在。
水平 2	在训练和比赛中能够积极面对困难;能按照规范和要求参与训练及比赛;在训练和比赛中尊重同学和老师;了解不同运动角色的职责,并对自己的角色担当有充分认识。
水平 3	在训练和比赛中积极面对内外困难,能应对挫折,表现出顽强拼搏的精神;能遵守规则、要求,服从安排;能胜任团队角色。
水平 4	在训练和比赛中积极克服内外困难,能和团队成员共同拼搏、奋进;能严格遵守训练和比赛要求,服从老师安排;能积极处理在训练和比赛中出现的问题;在团队中勇于担当。
水平 5	在训练和比赛中能够积极解决各类困难,能引导团队成员共同面对和解决困难,同甘共苦;能严格遵守训练和比赛要求,不偷懒、不耍滑;能正确、有效处理训练和比赛中出现的问题、冲突;能够遵守团队要求、履行团队职责。

三、健美操教学评价的类型

在健美操教学中,一般会采用以下几种评价方式:诊断性评价、过程性评价、总结性评价、增值评价和综合评价。

（一）诊断性评价

诊断性评价主要是在教学活动开始之前进行，目的是评估学生的学习准备情况，从而为教学计划的有效实施提供依据。教师通常会在课程开始、学期或学年开始之前，或者在教学过程中需要的时候进行此类评价。通过这种方式，教师可以了解学生对学习内容的准备程度，进而帮助他们更好地学习和掌握技术、技能。例如，在进行健美操新技术动作的学习时，根据学生的腿部肌肉力量和韧带柔韧度来选择适当的教学方法。

（二）过程性评价

过程性评价，也被称为形成性评价，主要在教学活动中进行，以调整和优化教学活动，确保教学目标的实现。这种评价主要关注学生在学习过程中的表现和学习成果。教师通常会在教学过程中以及每个学习单元结束后，对学生进行这种评价。该评价可帮助教师改进教学过程，及时了解学生对于教学内容的学习动态和可能存在的问题，从而给予教师有效的教学反馈。例如，在健美操课程中，教师可通过过程性评价了解学生对于技术动作的掌握情况，适当调整接下来练习的方法和强度，以提高教学效率。

（三）终结性评价

终结性评价是在教学活动完成后进行的一次性评估，用于确定学生的最终学习成果，并进行成绩评定，比如期末的考试或考核。这种评价可以检验教学目标是否达成，以及学生是否按照既定的教学计划完成了相关内容的学习。例如，在健美操教学课程中，教师可安排学期末或年度末的技能学习考核、考试，根据教学大纲和具体的学情制定评价标准，了解学生对教学内容最终的掌握情况。

（四）增值评价

增值评价是指在充分考虑其他因素对学生学习成绩产生影响的前提下，分析学校或教师对学生学习成绩影响的净效应，通过整理学生在不同时

间段所呈现的学习成绩并将其进行纵向对比,同时能对学校或者教师作出较为科学、客观的评价。其中的关键在于,无论是否用于学校或教师评价,增值评价都需要将不同时间点的学习成绩进行纵向变化的比较。增值评价不但可以为学生带来持续进步的激励和支持,还能够帮助教师持续改进,为新课程的其他评价方法提供重要支撑。作为健美操专项教师,在教学过程中需要准确把握增值评价的关键,探索多样化的增值评价方法,运用增值数据改进教学。

(五)综合评价

综合评价是指关注学生德智体美劳的全面发展,关注学生的兴趣特长与学业负担状况,通过收集学生的真实信息,较为全面地对学生进行多维度、多层级的评价,进而达到促进学生全面发展与健康成长的目的。综合评价很好地避免了过度重视单个方面的考试评价,对学生的学习评价起到促进作用。

四、健美操教学评价的方法

(一)对教师的评价方法

1. 教师自我评价

教师可以通过课后的深入反思,对教学中的问题与不足进行剖析,并即刻作出总结。具体方法包括对照教案,评估教学过程是否达到了既定的教学目标,或者观察学生学习前后的变化、收集学生的反馈来进行评价。在每节课后,教师可以通过教学日志或教案上的简短反思来进行常规的自我评价。同时,每个学期末也应进行阶段性的自我评价,以回顾和总结该阶段的教学情况和经验。此外,每学期或每年都应进行全面的自我评价,基于评价结果来优化教学方法,并对自己提出新的期望。

2. 同行专家评价

对教师教学质量的评价需要具备一定的学科知识储备和专业能力来保障评价的科学性,这是一项专业性较强的工作。同行专家在教学评价中发挥着至关重要的作用。作为同样遵循教学大纲的教师,他们对被评价的教学内容有着深入的了解和丰富的实践经验,这使得他们能够更深入地探讨和挖掘教学中的核心问题,进而提出有深度的评价。这种评价不仅具有较高的可信度,而且极具权威性。通过与同行专家的评价相结合,教学评价可以更加紧密地与教师的专业发展联系在一起,凸显出评价的诊断、激励和调控功能,从而推动全体教师的共同进步。在实际操作中,同行专家评价通常采用"公开课""观摩课"和"评议课"等多种形式进行。

3. 学生评价

学生评价也是体育教学评价中不可或缺的一环。作为教学活动的直接参与者和学习的主体,学生对教师的教学态度、业务水平、教学行为和能力等方面都有着直观的感受。他们能够从自己的角度出发,对教师的教学表现进行客观的评价,并提出宝贵的反馈、建议和要求。这种评价方式符合现代教育理念,有助于教师了解自身教学中的优点和不足,从而进一步改进教学方法和提升教学效果。

(二) 对学生的评价方法

1. 定量评价与定性评价

定量评价主要依赖计时和计量来评估外显性行为,其特点在于客观、标准、精确和简便。这种方法在甄选和选拔学生方面表现突出,尤其适用于评价具体数值内容,如学生的体能和运动技能。然而,定量评价也存在局限性,它主要聚焦于可测量的品质和行为,对于难以量化的方面则显得力不从心,这在一定程度上影响了对学生品质与行为的全面反映。例如,健美操课程中对学生的硬性考察内容,无法对学生互帮互助、合作交流等情况作出完全一致的评价。

定性评价主要侧重于对学生日常表现、现实状态进行深入观察和分析,进而作出具有价值判断的结论,如评定等级或撰写评语等。该评价方法的优势在于强调对学生的细致观察、深入分析和综合归纳,旨在提供更具体、更深入的"质"的分析与解释。然而,其不足之处在于可能使得评价结果显得较为模糊和笼统,难以精确量化,没有对学生的表现给出准确的评价,弹性较大,难以较好地把控。例如,健美操教师对学生在技术动作学习中的表现进行评述时,很难精确表达出学生的学习表现与状态,难以给出非常具体的评价结果。

为了提高教学评价的科学性,教师应综合考虑定量评价与定性评价。对于可量化的因素,应进行精确的定量评价;对于难以量化的因素,则采用定性评价,并在必要时对量化结果进行深入的定性分析。

2. 绝对性评价与相对性评价

绝对性评价主要通过目标参照性测试来评定学生成绩。教师会依据预设目标来比较学生的学习情况,从而判断学生是否达到既定的学习标准。这种评价方式有助于学生明确自己与课程要求的差距,并及时调整学习策略。

相对性评价则采用常模参照性测试,通过在学生群体中设立基准,比较各评价对象与基准的差异,以评估其相对水平。这种方式能够帮助学生了解自己在群体中的位置,激发竞争意识。然而,相对性评价的基准会因群体的不同而有所变化,这可能导致评价结果无法准确反映教学目标的要求。因此,在实际应用中,教师应根据具体情况灵活运用这两种评价方式,以确保教学评价的准确性和有效性。

3. 个体内差异评价

个体内差异评价是一种基于评价对象自身状况的价值判断方法。通过这种方法,学生可以对比自身过去的成绩,了解当前的学习状态。若取得进步,可继续加强学习;若有所退步,可调整状态,重拾信心。这种评价方法充分考虑了学生的个性差异,但仅局限于与自身比较,缺乏客观标准和与其他对象的比较,可能导致学生产生自我感觉良好的错觉,因此,通常需要与绝对评价和相对评价结合使用,以获得更全面的评估。

五、健美操教学评价的要求

(一) 具备全面的评价体系

在健美操教学评价中,不仅要关注身体素质、运动能力和技能的考核,还要涉及体育态度、体育意识、合作精神等情感学习目标的内容。评价应全面涵盖学生在课堂上的运动知识和技能学习情况,以及他们在体育活动中的具体表现。同时,既要评价学习结果,也要关注学习过程;既要评估学生的能力因素,也要考虑其情感因素。这种全面的评价方式不仅可以提升学生的运动知识和技术水平,还有助于完善和健全学生的人格品质。

(二)统一学习评价与教学评价内容

在考核课上,教师应安排与过往学习内容有关的项目作为考核任务,检验学生在课堂上学习的掌握情况,必须避免考核评价内容同教学内容及其过程脱节的现象。例如,学期前半段的教学内容为基本步伐和手型的学习以及体能素质的练习,但在学期中期仅进行基本步伐和手型的学习,并没有对体能素质进行考核,导致评价内容与教学内容不一致,使得学生对体能素质有所懈怠,不利于学生的全面发展。考核评价内容与学习内容及过程的不匹配,会削弱考核评价对体育学习的正面推动作用,不利于其积极效果的发挥。

(三)关注学生的个体差异

在健美操课程的学习过程中,每个学生对体能、技术、技能和理论知识等方面的掌握程度和学习能力各不相同,因此,教师需要采用不同的评价标准来评估不同的学生。同时,除了评价学生的最终学习成果外,还应关注学生在学习过程中所表现出的积极性,并重视学生个人的进步和发展。这样做有助于培养学生的自信心,让他们不断体验到成功的喜悦,从而充分考虑并尊重学生的个体差异。如果用统一的标准去评价每一个学生,势必会抹杀学生的个性,降低学生学习的积极性,不能对学生作出准确的评价。例如在健美操考核课堂上,有的学生本身就具备一定的健美操运动基础,其运动表现自然会比初学健美操的学生更好,此时就应该对具有基础的学生进行更高标准的评价,对初学健美操的学生进行相对低标准的评价,以照顾到每个学生的个体差异。

(四)实现评价主体多元化

对学生进行评价旨在帮助每个学生审视自身学习成果,并为他们提供展示能力、水平和个性的平台。因此,在进行教学评价时,应综合考虑教师评价、学生自评和互评,以充分体现评价主体的多元化,既注重教师对学生的看法,也重视学生自我及同伴之间的相互评价。实现评价主体多元化不仅可以减少教师对于学生的单方面评价,保证教学评价的科学性和公正性,而且可以发挥学生的主观能动性,培养自我评价和相互评价的能力,帮助学生得到更好的发展。

高中健美操教学设计与实施

第一节 大单元教学设计

大单元教学设计是基于教学大纲与教学任务,对教学内容进行整合优化和创新,根据每个课时内容的特点,合理安排教学内容的顺序,创新教学方式,注重加强课时教学内容之间的连贯性和逻辑性的一种教学设计。健美操大单元可以被视作一个完整的学习单元,它涵盖了学习的全过程,并指向特定的素养目标。从这个角度看,每一个大单元都相当于一个微型的课程,或者可以视为一个独立的、完整的教学过程的基本单元。

一、健美操大单元教学设计的组成要素

在设计健美操大单元教学时,需要考虑以下几个核心要素:学习目标、主要的教学内容、教学中的重点和难点、学习效果的评价方式,以及教学反思。其中,关于核心素养的详细阐述在前面的章节中已经提及,此处不再赘述。

(一)学习目标

健美操大单元的学习目标,是指期望学生通过这个大单元的学习能够取得什么样的成果。这些学习目标主要是基于三大核心素养来设定的:运动能力、健康行为,以及体育品德。这三大核心素养的发展情况,可以真实地反映出学生的学习成果。核心素养不仅仅是学科教育的目标,更体现了学科教育的价值所在,它代表了学生通过学习逐渐形成的正确价值观、必要

的品格，以及关键的能力。在设定大单元学习目标时，教师通常会针对这三个核心素养各设定一个目标，期望学生在完成教学内容后，能够达到这些预设的要求。例如，在运动能力方面，要求大部分学生能够熟练掌握踏步、一字步和V字步的技术动作，体会动作要领；在健康行为方面，要求学生通过练习，提高自身一般体能和专项体能，掌握科学锻炼身体的方法；在体育品德方面，培养学生勇于展示、团结协作、不怕困难的优良品质。

（二）主要教学内容

健美操大单元教学设计涵盖了全面而细致的教学内容，主要包括：健美操基础知识与技能、技战术的实战应用、专项体能与一般体能训练、展示与比赛、竞赛规则与裁判知识，以及观赏与评价能力。这些内容共同构成了一个运动项目所需的核心知识体系。在基本知识与技能方面，要让学生在课堂学习中掌握健美操的相关技术、技能，了解健美操的发展历史和理论知识，提高学生的知识储备和技能水平；在技战术运用方面，让学生能够了解如何在比赛当中正确运用课堂上所学的技术、技能，将几个动作组合成一个套路，展现出学生的技战术水平；在专项体能与一般体能方面，通过体能的练习，提高学生的身体素质和运动机能，强化动作技能的学习，让学生掌握锻炼身体的正确方法；在展示与比赛方面，安排的教学内容要让学生能展示出自身的技能水平，在与他人的比赛过程中逐步培养自信心和积累经验，提升学生的竞技欲望和竞争意识；在规则与裁判方法方面，让学生能够通过教学内容的学习，了解健美操竞赛的规则以及裁判评定成绩的方法和标准，激发学生的运动兴趣，使学生得到全面均衡的发展；在观赏与评价方面，通过让学生观看大型比赛或同伴的展示，加强学生的观察与分析能力，提高学生的语言组织能力以及培养学生欣赏美的能力。在制订大单元教学计划时，应基于学生的学习水平、内容对达成学习目标的贡献以及可分配的课时量，来合理确定主要教学内容的容量。

（三）教学的重点和难点

教学的重点和难点是指在教学过程中所需要注重和解决的细节与难点问题。大单元教学的重点和难点涵盖多个层面，涉及学生学习中的困难点、教学内容的核心要点、教学方法的挑战点以及教学组织的难点等。这些重点和难点并不仅限于单一的动作技术层面,而是涵盖了整个教学过程的多个关键环节。由于学生的运动天赋和身体基础各不相同,对于某个技术动作的学习就会存在不同的掌握程度,所遇到的困难也不尽相同,教师要依据实际学情,预设不同的重点和难点,帮助学生更好地掌握教学内容。同时,教学内容的变化也就是对不同技术动作的学习,势必会有不同的重点与难点,对此,教师需要提前掌握教授动作,了解每个技术动作所容易产生的重点与难点,积极思考应对措施。

(四) 学习评价

健美操大单元学习评价的核心在于评估学生学习后的成效,以及如何进行评价。评价过程需紧密结合教学内容,围绕运动能力、健康行为和体育品德三大核心素养展开。为实现全面评价,需采用多元化的方法。

运动能力评价关注体能、运动认知与技战术应用,以及体育展示与竞赛表现;健康行为评价则注重锻炼意识与习惯、健康知识应用、情绪调控及环境适应能力;体育品德评价则涵盖体育品格、体育精神与道德层面。

在评价方法上,需强调过程性评价与终结性评价的结合,旨在全面反映学生的学习过程与成果。同时,注重定性评价和定量评价的结合,以更准确地评估学生的综合表现。此外,还应重视相对性评价与绝对性评价的结合,以更公正、客观地评价学生的学习效果。

(五) 教学反思

健美操大单元教学完成后进行的教学反思,旨在回顾和评估学生在核心素养上的具体表现。反思应聚焦于分析教学效果的优劣,明确哪些方面表现良好,哪些方面尚需加强和改进。教师需要对教学活动进行重新思考和认识,进行经验教训的总结,从而不断提高自身教育教学水平。

二、健美操大单元教学设计的基本要求

(一) 体现指向核心素养的整体性

健美操大单元教学设计的教学内容对于学生有着运动能力、健康行为

和体育品德三个核心素养的要求,对于教学目标的确定一定要紧扣核心素养,在任何一个方面都要达到一定的标准,使学生的核心素养得到全面发展。如果大单元的设计过多偏向于让学生熟练掌握成套动作,安排大量的动作训练,而忽视健康行为和体育品德,不对学生进行健康教育和终身体育意识的培养以及割裂学生与学生之间的集体练习,使其缺少团队协作的机会,那么学生最终所达到的目标始终违背体育与健康课程标准的基本理念,学生的健康没有得到全面发展,学生的综合能力和优良品德没有得到提高,学生的终身体育基础没有得到积累,学生的学习兴趣和对运动的热爱也没有得到激发。因此,健美操大单元教学设计需要时刻注重核心素养的均衡发展,合理安排教学内容,体现核心素养发展的整体性。

(二) 注重关键要素之间的关联性

大单元教学设计的各个要素之间有着密不可分的联系。教学内容是学习目标得以实现的支撑,通过每堂课的内容教学,让学生能够掌握完整的运动技术,达成原先所设定的学习目标;而通过确定学习目标,使三大核心素养在教学内容中得以体现,让学生能够在运动能力、健康行为、体育品德方面充分发展。同时,学习评价也可以检验学习目标,根据学生对于技术动作的实际掌握情况,在核心素养方面对其作出评价,可以体现出学生在课堂教学过程中是否对教学内容有一定的熟悉和掌握,考察评价结果是否符合已确定的学习目标。只有要素与要素之间紧密相连、环环相扣,才能够制订出一份优秀的大单元教学设计,提高学生的核心素养水平。

(三) 强调教学活动设计的阶梯性

健美操大单元教学设计应体现阶梯性,要将这一特征融入课堂教学活动的设计中,确保与教学内容紧密结合。活动设计应遵循循序渐进的原则,从基础的运动技术学习开始,逐步增加难度,从简单的单一练习过渡到模拟比赛情境。这种渐进性设计有助于学生逐步掌握结构化的基本运动技能和专项运动技能。在教授新技术动作时,教师应充分考虑学生的现有运动能力和技术迁移的可能性,确保教学内容与学生能力相匹配;在对下一教学内

容进行设计时,需要注重内容与内容之间的跨度,应符合学生掌握运动技能的规律;在安排体能训练部分时,需要控制运动强度的上升幅度,应逐步提高学生的心率水平,避免学生身体机能受到过度的强度刺激,不利于技能和体能的发展。

第二节 课的教学设计

课的教学设计是基于学段水平目标和单元教学计划的逻辑分割而制订的一节课教学实施方案,它是教师组织课堂教学的重要依据。根据最新修订的《课程标准》所倡导的体育与健康课程理念和指导思想,同时考虑到健身健美操各个项目的不同技术特征和体能需求,以及其在育人方面的差异,教师应进行精心的课时教学设计,以全面促进学生的运动能力、健康行为和体育品德的提升。与大单元教学设计相比,课的教学设计更加具体、实际,对于教学过程中学生练习的内容、练习组数与频数以及练习所用时间都有一个明确的规定。大单元教学设计是对整体单元的要求,而课的教学设计则是每节课具体实施的操作方案。

健美操课的教学设计主要包括以下几个方面。

一、教材分析

健美操运动是中学体育与健康课程教材中的主要授课内容之一。这项运动因其高度的技巧性和严密的组织性等特点,深受学生们的喜爱。健美操运动的类型众多,包括竞技健美操、健身健美操、表演健美操等;运动技术也可根据身体部位头、肩、胸、腰、髋、腿部等来进行划分。通过学习健美操的基本技术,学生可以提升技术动作的质量,全面运用所学技术来强化身体、提升身体素质,并在练习中培养团结协作和顽强拼搏的精神品质。一个课时的课程可以以单个基本技术作为教授内容,也可以一个技术动作的复习和一个新授内容开展一堂课。因接触健美操运动项目的学生群体并不如球类运动那么庞大,每个学生的学习基础无法得到很好的统一,因此可以根据所教授班级学生的具体情况来选择合适的教学内容,在课堂中多以展示的形式增强学生的学习兴趣,提升学生的学习信心。

二、学情分析

我国大部分地区的高中体育教学形式都以男女分班为主,高中体育课程讲求专项化教学,需要学生选择一个运动项目进行专项化的学习。高中健美操课程的学习需要在着重发展学生身体素质的基础上,同时注重培养学生对健美操运动项目的兴趣爱好,让学生在健美操课程中逐步认识自我,发展自身的运动能力。

教学设计的初衷是为了让学生得到充分的学习与发展。学生特征是影响学习进程有效性的基础背景,需要分析学生不同的特点来设计合理的教学活动。高中学生在生理和心理上处于人生发展的关键期,生理上逐渐趋向成熟,身体素质已有很大提高,具备了一定的基本运动能力,能承受较大的运动负荷,肌肉弹性和伸展性增强;心理上学生正处于期望和现实的矛盾期,心理意识趋于成人化,具有一定的自我约束能力,善于合作探究和展示自我,具备独立思考、判断能力。不同性别的学生学习动机和兴趣程度不同,男生活泼好动,表现欲望强;女生文静庄重,不太好活动。因此需要因势利导,加强男生的技术运用能力的培养,对于女生则可通过降低运动难度的游戏比赛,激发她们积极参与健美操活动的兴趣。基于此,对于教学活动的设计需要充分考虑学生的实际学习情况,依据学生身心发展特点和教学内容的内部逻辑,制订切实可行的课的教学设计。

三、学习目标

该部分与单元教学目标相同,均应根据学生的身体发展特点以及以运动能力、健康行为、体育品德三大核心素养为导向制定课的学习目标。课的学习目标作为单元目标的子目标,是有效实现单元教学计划的重要基础。因此,课时计划应根据教材的不同学习阶段,针对教材的具体特点在学习目标上作出进一步的深化,使课的学习目标具有更强的针对性,有利于课时组织教法的设计,为每次课程完成健康促进任务提供保障。

四、教学策略

课的教学设计得以成功实施的关键,离不开正确且具有针对性的教学

策略。在教学设计中，应运用传统教学和自主学习相结合的教学方法，将学生对健美操技术的认知和展示成果与教师的正确示范和引导做比较，引导学生找出学练之间的差异，并及时作出调整和纠正；在教学手段上，教师应紧扣教材的重点和难点，遵循学生身心发展的规律，并了解学生当前的技能认知水平。通过激发学生的学习兴趣，推动健美操运动知识、技能、情感、态度和价值观的全面发展。教师需要不断调整教学策略，以激发学生对健美操运动的热情和练习积极性，从而为他们的终身体育锻炼奠定坚实基础，同时也有效推动高中健美操运动的全面发展。

五、学习评价

学习评价的内容应当涉及多个方面，包括健康体适能的评价、专项知识与专业技术的评价、学生学习态度的评价、学生情意表现的评价、学生规则意识和团队互助精神的评价以及健康行为养成的评价。同时，评价内容应与体育与健康学科核心素养密切关联，全面反映学生在运动能力、健康行为和体育品德方面的表现情况。

学习评价的目的是为了对学生的核心素养水平进行密切的跟踪和观察，通过评价结果了解学生本节课的学习表现，寻找学生在学习过程中存在的问题并寻找方法给予解决。学习评价为学生搭建舞台，提供学生展现自己能力、个性的机会，培养学生敢于展示的勇气，树立学生的自信心。通过学习评价，可以提高学生自评、互评的能力，达到自我教育与互相教育的效果，同时也可以检验学习目标的完成程度，方便后期对教学进化进行适当的改进。

第三节　课　时　计　划

课时计划又称"教案"，是教师结合教学大纲的具体要求，对教材进行理论联系实际的处理，并对教学内容、步骤和方法进行精心设计和布局，旨在全面达成教学目标的系统性规划。在健美操教学中，课时计划是教师开展教学活动的核心依据，也是教师课前必须精心准备的重要工作。

一、健美操课时计划内容

根据教学目标和课程类别的不同,健美操课时计划可分为理论课和技术课两部分。

(一)理论课的内容

教师需要系统地规划理论授课内容,确保每次课程都有明确的教学目标和内容安排。在健美操理论教学中,教师应依据教学规划,有条理地传授相关知识。理论授课的规划要素主要包括课程名称的确定、教学内容的筛选、教学方法的选择、教学重点难点的把握以及教学组织和方法的设计等。

(二)技术课的内容

技术课的课时计划主要包括开始、准备、基本和结束 4 个环节。每个环节的练习内容、教学方法与要求、时间分配以及练习的次数和组数都应在课时计划中明确体现。在实施教学内容时,需要考虑每节课的运动量和强度,并按阶段进行教学。课程结束后,教师要在课时计划最后一栏的课后反思中总结本堂课的心得以及发生的一些教学和学习问题,并作出简要评价,为后期的教学提供帮助,以提高教学质量和效率。

二、编写健美操课时计划的基本要求

(一)准确预设学习目标

在进行健美操课时计划的制订时,需要了解学生的实际学情和教学内容的难易程度,提前设定本节课期望学生能够达到的标准和要求,为课程的开展提供方向指引。

(二)正确把握教学重难点

在课时计划的内容制订过程中,需要明确指出本堂课的教学重点和难点,为课堂上学生可能出现的技术问题做好充足的应对措施。

(三)严密组织教学环节

在健美操教学中,教师要提前部署课程的各个环节,安排好教学内容的练习时间。在组织学生热身和放松、教学内容的复习和新内容的学习、调动学生学习队伍等环节上都要做到合理把控，使教学层次井然有序、有条不紊。

（四）恰当使用教学方法

在制订课时计划时，应结合学生的实际情况，全面考虑计划的可行性与可操作性，挑选和运用与健美操课程目标、内容及学生个性相契合的教学方法。同时，教师应积极探索新的教学手段，以激发学生的学习热情和兴趣，进一步强化他们的学习动机。

（五）科学调控运动量和运动强度

运动量和运动强度是影响学生学习情况和身体安全的重要因素。过大的运动量和运动强度容易造成学生体力透支，无法以最佳的状态参与到学习当中，并且可能对学生的健康产生严重的威胁，休克、痉挛等都是极度危险的状况。在健美操新授课上，教师对运动量和运动强度可以适当减小一些，将注意力集中于新学的教学内容；在复习课上时，可以将运动量和运动强度适当加大，强化动作结构。

三、课时计划案例

上海市崇明中学"体育与健康"课时计划

年级	高二	人数		日期		执教	
班级	专项班	组班形式	女生班	周次	14	课次	1
内容主题	1. 花球舞蹈啦啦操：自选组合第二段（10—3、4） 2. 专项体能（5—1）			重点	手臂动作的定位		
				难点	步伐移动中手臂动作的清晰度及控制能力		
学习目标	1. 通过啦啦操的学练，80%左右的同学能基本完成自选组合第二段动作，且动作连贯，具有一定的表现力。在练习中发展腰腹肌肉力量、协调性、平衡能力等体能，形成正确的身体姿态。 2. 在啦啦操学练中表现出相互观察的主动性，提升乐感，加强学生自主学习和思考的能力。						

续　表

课序	时间	教学内容	运动负荷 次数	运动负荷 时间	运动负荷 强度	教与学的活动	组织与队形
一	2′	课堂常规 1. 体育委员整队，报告人数 2. 师生问好 3. 宣布本课内容、教学目标、要求、强调安全 4. 安排见习生				◇ 体育委员整队，报告人数 ◎ 向学生问好 ◎ 导入课堂，激发运动热情（通过富有感染力的表演，烘托比赛或表演场地气氛。） ◎ 宣布本课教学内容、目标、要求，强调安全 ◎ 安排见习生 ◇ 聆听教学内容，明确教学目标、要求 ☆ 快、静、齐，精神饱满	↟↟↟↟↟ ↟↟↟↟↟ ↟↟↟↟↟ ↟↟↟↟↟ ☻ 组织：动作迅速，节奏一致
二	5′	准备活动： 热身有氧步伐（音伴） (1) 踝关节运动 (2) 原地踏步 (3) 开合跳 (4) 吸腿跳 (5) 踢腿跳 (6) 弓步跳 (7) 后踢腿跑 (8) 呼吸伸展 (9) 肩关节伸展 (10) 腰背伸展 (11) 大腿后侧肌群拉伸	4*8 4*8 4*8 4*8 4*8 4*8 2 次 3~5 2*8 3*8	3′	中上	◎ 简述练习动作及练习要求 ◎ 教师口令指挥并带领热身 ◎ 适时简述动作要领，提出技术要求 ◇ 模仿教师动作，紧跟教师节奏 ◎ 及时发现问题，适时语言提醒 ☆ 动作规范，富有节奏 ☆ 热身充分有效，防止身体受伤 ☆ 练习积极，心情愉悦	↟↟↟↟↟ ↟↟↟↟↟ ↟↟↟↟↟ ↟↟↟↟↟ ☻ 组织：成梅花点的体操队形插空站位，左右间隔侧平举的距离
三	5′	花球舞蹈啦啦操 一、动作组合一（音伴） 小环节："音乐不 NG, 斗舞展示"		3′	中下	◎ 教师带领集体口令复习，共性问题纠错 ◎ 利用屈臂、提臂、侧摆臂 4 拍动作的练习解决手臂出手力度的问题	▽ ▽ ▽ ▽ ▽ ▽ ▽ ▽ ▽ ▽ ☻ △ △ △ △ △ △ △ △ △ △

续　表

课序	时间	教学内容	运动负荷			教与学的活动	组织与队形
			次数	时间	强度		
三	15′	二、动作组合二 1. 侧滑步组合 2. 交叉后点步组合 3. 大踢腿＋绕肩组合 4. 肩部律动＋侧并步组合		8～10′	中	◎ 组织按排列分两组面对面动作展示 ◇ 分组展示,集体展示 ☆ 明确动作要领,掌握好音乐节奏 ☆ 展现自我,具有一定的表现力 ◎ 教师完整动作示范 ◎ 分解学练—完整学练 ◎ 重点讲解练习中容易出现的惯性错误 ◻ 口令带领学生练习,不断强调手的力度和制动性 ◇ 认真观察老师动作,积极模仿 ◇ 分批自主学练、精神饱满 ◎ 教师观察,针对性纠错 ◎ 教师组织学生面对面,一人练习,一人口令指挥,相互观察,互助学练,相互纠错 ◎ 全场巡视指导,关注每位学生 ◎ 请优秀同学上台展示,学生集体口令 ◇ 集体跟音乐练习,明确动作节拍,与动作要求 ☆ 自主学练积极投入 ☆ 精神集中、反应快 ☆ 互助合作学练有效 ☆ 引导学生学会思考,提升自主解决问题的能力	组织:以两排为单位,面对面动作pk展示 ↟↟↟↟↟ ↟↟↟↟↟ ↟↟↟↟↟ ↟↟↟↟↟ ☻ ▽▽▽▽▽ △△△△△ ▽▽▽▽▽ △△△△△ ☻ 组织:两两面对面自主练习

续 表

课序	时间	教学内容	运动负荷			教与学的活动	组织与队形
			次数	时间	强度		
三	4′	三、队形创编（音伴）		3′	小	◎ 组织观看队形编创教学图 ◎ 讲解队形编创的要点 ◎ 讲解编创时常出现的问题 ◎ 按要求5人一组进行编创 ◇ 有问题及时提问 ◇ 小干部积极发挥组织引领作用 ◎ 教师巡视指导，提醒学生动作规范，注意安全，点拨创编构思 ☆ 积极参与队形编排 ☆ 注意编排的合理性	组一 组二 组三 组四 镜子
	2′	四、小组展示表演		40″	小	◎ 选定2~3组队伍，进行展示表演 ◎ 教师点评，及时表扬，让学生享受成功的喜悦 ◇ 认真观看展示，学生互评 ☆ 给予积极的回应，鼓掌鼓励	展示组
四	5′	专项体能（5—1） 1. 支撑屈膝两头起 2. 支撑直腿两头起 3. 俯卧动态支撑 4. 俯卧静态支撑	4*8 *2 4*8 *2 2*8 *2 15′ *2	30″ 30″ 30″ 30″	中上	◎ 简述器械的主要作用（通过不稳定的表面练习，达到提升平衡感，强化核心肌群的作用，让形体更加紧致、苗条） ◎ 教师示范，讲解要领 ◇ 跟随音乐积极学练 ◎ 教师口令提示，适时进行动作要领提示及语言鼓励 ☆ 动作到位，保持平衡 ☆ 调整好呼吸的节奏 ☆ 挑战自我极限，保质保量完成练习	

续 表

课序	时间	教学内容	运动负荷			教与学的活动	组织与队形
			次数	时间	强度		
五	2'	结束部分 1. 放松(拉伸放松) a) 背部静力拉伸 b) 分腿体前屈 2. 小结点评 3. 师生再见		30" 30"	小	◎ 教师动作示范,讲解要领 ◎ 教师总体评价本堂课效果 ◇ 学生认真聆听,参与放松 ◇ 主动收拾器械,养成良好的习惯	同上

场地器材	体操房 电视、音响、花球、速波球	安全保障	1. 检查场地、器械设备 2. 准备活动充分,防止肌肉拉伤		
		预计	运动密度		强度
			群体密度	个体密度	中上
			75％	50％	

课后小结	

高中健美操的创编

竞技运动项目纳入中学体育教材内容时,一般要进行教材化改造,使项目的内容难度、练习的兴趣情况和可推广性符合学生、学校和教师的实际情况;同时,为了选择恰当的健美操教学内容,确保可行性、趣味性、实效性和审美性,教师要对健美操的动作进行一定的创作编排,使成套动作具有连续性、韵律感和观赏性,因此,高中健美操运动的创编成为健美操运动教学和训练的重要环节。

第一节 高中健美操创编原则

高中健美操运动成套动作的创编,需要遵循健美操锻炼原则,使健美操运动能够科学有效地促进高中学生身心的全面发展。健美操运动作为一项集速度、力量、灵敏、柔韧和耐力于一体的综合性体育运动项目,在其创编中也需要符合科学的原则作为支撑,使得经过创编后的健美操动作更具科学性、艺术性。

一、健身健美操的创编原则

(一) 安全与有效性原则

在选编大众健美操成套动作时,首先要考虑的是能够全面发展身体各项机能。因此,应选取能充分调动身体各部分机能的动作,以确保身体每个部位都能得到充分的锻炼。同时,动作的安全性也不容忽视。有些动作虽然对提升身体素质有一定效果,但若存在安全隐患,则需谨慎选择。例如,过度的背伸动作虽然能拉伸腹部,但也可能对脊柱造成过大压力,增加腰部损伤的风险,从而违背了安全性原则。

当然,有些动作虽然安全性较高,但健身效果可能并不显著。在选编动作时,除了安全性和有效性之外,还需考虑诸多因素,如肢体的协调性和对称性,以及高低力量之间的相互作用等。在练习时,我们需通过调整方位、力度、速度、节奏等因素,来全面提升身体的各项机能,从而强化呼吸肌力量,增大胸廓运动幅度,进而改善呼吸和心血管机能。

(二)合理性原则

在创编过程中,合理性原则占据核心地位。遵循既定的规律和原则,对于确保动作与成套的科学性与时效性至关重要。一般而言,健身健美操的成套动作设计可细分为准备、基本与结束三个主要部分。

准备部分的设定是为了在经过一系列的活动后,将处于相对安静状态的肌体过渡到人体各器官系统进入运动状态的阶段,能够迎接接下来的练习过程中的运动强度,防止运动损伤的发生,为后续的基本部分的练习做好生理和心理准备。在编排这部分内容时,需根据整体操作的目标和架构进行适当调整,如引入呼吸训练、常规拉伸和关节活动等。同时,还需注重培养动作与呼吸间协调配合的良好习惯。

基本部分是创编结构的核心,主要涵盖关节活动、肌肉练习、耗能等内容,形式以操化动作、垫上练习、步法、跑跳等为主。其目的在于通过增强运动负荷和消耗能量,实现减脂和提升身体素质等目标。特别是在创编肌肉练习动作时,应注意交替进行练习与拉伸,以避免肌肉僵硬。

结束部分主要以放松生理和心理为主,降低运动负荷,将紧绷的肌肉放松下来,便于肌体状态的恢复与情绪的缓和。

三个部分之间的衔接要注意运动强度的逐步增大,准备部分与基本部分的练习内容可以采用相关联的动作进行迁移设计。

高中健美操的形式丰富多样,时间和内容上都有不同的制订方式,但不论其形式差异如何,结构上的三个部分是基本不变的。

(三)娱乐性与艺术性原则

健美操融合了娱乐与艺术的特质,这是它与其他运动项目的显著区别之一。在当今社会,单纯的生理健康已不能满足人们的需求,更多人期望通过健美操来释放生活压力,寻求身心的愉悦与和谐。

21世纪以来,健康理念愈发深入人心。人们对健康的追求已不仅限于身体层面,精神层面的健康和社会适应能力同样受到重视。在众多运动方式中,健美操以其独特的健身与娱乐双重属性脱颖而出。在悦耳的音乐陪伴下,健美操不仅能陶冶性情,还能帮助人们在锻炼中放松心情、缓解压力。

健美操还通过汲取多种舞蹈元素,提升动作的艺术性。采用流行的音乐,使学生能将个人情感融入动作之中,通过舒展大方的动作尽情释放,进而增强自信心。在音乐的伴奏下,人们舒展身体,释放情绪,达到良好的心理状态。同时,由于健美操注重动作的美观性,使表演更具观赏价值,更能吸引观众的眼球。

(四)动作有序性及流畅性原则

在健身健美操的创编中,由于受众主要为业余爱好者,缺乏专业基础与专业意识,因此,动作安排应有明确顺序,以确保动作间连贯且有规律,从而有助于锻炼者快速掌握动作要领。特别是步法的有序流畅,是确保锻炼连贯、减少损伤的关键,有助于实现锻炼目标。为实现动作的有序与流畅,需注重肢体活动的有序性和动作转换的流畅性。在创编中,可对复合性动作进行分解练习,先分段单独练习,再逐步组合,以提高学习效率。

二、竞技健美操的原则

(一)竞技性原则

竞技健美操以其竞技性区别于大众健美操。其特点在于对身体姿态的精确控制,并融入有节律的弹动元素。竞技健美操在难度、艺术和完成度方面要求较高,通过竞赛来评判动作的难度和完整性。运动员在竞技中展现出的难度、完成质量、姿态控制、动作准确性、速度、力量及表现力等,均体现了其竞技水平。这些方面综合反映了运动员的身体素质、动作设计、表现力、心理素质及战术策略等竞技要素。因此,竞技健美操的创编需要特别体现出内容的竞技性,让表演者能够在竞技过程中充分发挥自身的竞技特点和竞技能力。

(二) 针对性原则

竞技健美操涵盖了男、女单人操、混双操、三人操、五人操以及有氧舞蹈、有氧踏板等多个项目。在创编时，需紧密结合各项目的特色。例如，单人操应凸显个人的激情与活力；而三人操和五人操则强调团队协作、动作的连贯性以及团队之间的默契。

此外，每个运动员都有其独特的个性、运动能力、身体素质、技术水平和外形特征，因此，在竞技健美操的创编过程中，必须针对每位运动员的基本特征进行个性化的编排，以最大程度地发挥其优势。

同时，在动作的选择与设计方面，不同项目的要求各有侧重。对于单人项目，无须考虑配合与队形的变换，因此，动作的丰富性和独创性，以及特定动作设计的难度，成为创编的核心要点。而混双项目则侧重于展现两人之间的默契配合与情感交流。至于集体项目，创编时应注重整体一致性与多样性的平衡，以整体的全景效果为重要考量。

(三) 全面性原则

健美操作为高中体育教材的一部分，其核心目标是促进学生身心的全面发展。竞技健美操，作为健美操的一种表现形式，也致力于身体素质的整体提升。特别是竞技健美操聚焦于人体各项身体素质的全面发展，如力量、速度、耐力、柔韧性和灵敏性等。在创编竞技健美操时，整体性原则体现在对四类难度动作的选择与编排上，包括 A 组的动力性力量动作、B 组的静力性力量动作、C 组的跳跃动作，以及 D 组的平衡与柔韧动作。除了涵盖力量、弹跳和柔韧等难度动作外，还需设计更多有助于身体素质全面发展的动作，以充分展现健美操的风格特点。同时，编排具有对称性的组合动作，有助于身体各部位得到均衡的锻炼。

(四) 艺术创新性原则

竞技健美操不仅是一项竞技体育项目，更是一项充满艺术气息的体育运动。它具备极高的艺术观赏性，通过精心编排的难度动作、完成效果和艺术展现,为观众带来深刻的艺术体验。竞技健美操的艺术表现美体现在成套动作的完美完成度、神情的自信和肢体优美的舒展、柔美有力的动作与节奏强烈的音乐相结合等方面。竞技健美操应能充分体现动作的内涵、音乐的韵味和个人的性格特征,使运动员以感情和身姿之美感染观众和裁判,给人以回味无穷的艺术体验。

创新是发展的关键,健美操动作的编排必须紧跟时代步伐,满足时代发展的需求。健美操的编排与创新,已成为这项运动赢得佳绩的关键。竞技健美操涵盖难度技巧、流畅的过渡与连接、精彩的托举、动力性的配合以及音乐等多元要素,编排时需注重创新,展现新颖的思路、形式、元素以及丰富的想象力,以避免单调重复,尽量打造独一无二的表演。

健美操的艺术创造具有两重性,其中艺术创造是首要的,其次才是运动员、表演者或爱好者在完成成套动作过程中的第二次改造。在竞技中获取更高的荣誉需以艺术创新性的创编动作为基础,利用身体展现成套动作,表达丰富的感情,进而达到体育艺术的完美境界。

(五)规则导向性

国际体联会定期对竞技规则进行修改和调整,以紧跟时代发展的潮流和适配不同时代人们的审美,因此每项运动都必须遵守相应的规则。规则是对成套动作进行编排及其完成方式的指南针,其以一定的标准评价成套动作的艺术性、完成度、分数等各个重要方面,也为创编者指明了方向。一个好的创编一定是紧随规则的变化而改变其内容及表演的方式,如果抛弃规则、忽视潮流发展的趋势,那么再好的创编也无法得到观众和裁判的认可。因此,创编者在进行健美操成套动作的创编时应以规则为依据,仔细研究和学习比赛规则,在竞赛中完美地展现健美操运动的魅力并取得成功。

三、表演健美操的原则

(一)展示健美操的项目特点

健美操的独特性主要通过运动者展现的特定身体姿态和动作弹性来体现。除了躯干的基本姿态以及明确的起止动作外,健美操还强调动作的力度感,这是其动作的核心特色。同时,健美操的弹性特点源自肢体膝、踝关节的协调屈伸。此外,流畅的动作、合理的衔接以及强烈的节奏感也是健美操的显著特点。在编排健美操表演时,应充分展现上述这些特点。当然,可以根据编排需求融入其他动作,但健美操的基本动作应占主导地位。

(二) 以音乐为灵魂

音乐作为健美操运动中不可或缺的元素,为整个运动过程注入了生机与活力,为运动者注入了强大的动力,也为健美操运动的创编带来广阔的新天地与灵感,但不合理的运用同样也会带来不良的消极影响并限制运动者的发挥。因此,在创编中要注重选择与内容相符的音乐,准确表达音乐的意境和动作内容的情感;只有两者相互配合,才能使动作与音乐的结合更加完美、生动,使成套动作呈现出蓬勃的生机。

(三) 多样性

展现观赏性是表演健美操的主要目标,为了吸引观众,需要降低动作的重复与循环频率,只有在需要呼应的特定情境下,才可考虑重复某些动作。

健美操动作的多样性并非随意堆砌,而是在统一风格下,实现丰富而有序的变换。通过场地空间的巧妙运用、音乐节奏的把握、移动路线的创新以及人员的合理组织与调度,可以凸显表演健美操的独特多样魅力。

(四) 强烈的艺术性

艺术性是表演健美操的显著特点之一。与健身健美操注重增强体质、娱乐身心,以及竞技健美操以获取成绩为主要目的不同,表演健美操在展现健美操特点的基础上,更注重发挥运动者的表现力,以充分展示其艺术魅力。

创编表演健美操时,可强调特定风格如街舞、拉丁舞,或融入其他项目与不同风格的健身器械,以展现其多元化特色,但需注意音乐的协调性。此外,主题的表现也是展示表演健美操艺术性的重要手段。创编者可挑选生活或想象中的元素作为创作灵感,借助动作与音乐的和谐融合,呈现独特的艺术个性。然而,无论编排形式如何变化,健美操的核心特点始终应作为主线贯穿其中。

服饰、灯光、舞台场地等对健美操艺术性的体现也能起到较好的促进作用，所以编排时也应充分考虑除运动者以外的客观因素，使舞台的展现更加完美。

（五）个体差异

无论是哪类健美操的创编，都需要考虑运动者的实际水平；如果忽略了这一点，就有可能无法达到理想的效果甚至前功尽弃。运动者的个体差异可以从3个方面来观察：身体条件、专业技能、表演能力。（表7.1）

表7.1 表演健美操的创编条件

身体条件	专业技能	表演能力
柔韧	操化动作	激情
力量	转体	吸引力
灵活与协调	跳跃	形体
性格	舞蹈	面部表情

第二节 高中健美操创编元素

健美操创编的元素主要包括基本操化动作因素、技巧与难度动作因素、舞蹈动作因素、托举、配合、队形因素、过渡与连接因素等。掌握并合理地运用这些因素，能够帮助创编者编排出令人满意的成套动作。

一、基本操化动作

健美操的精髓在于其操化动作。这些动作通过各种步伐与肢体的运动，有效锻炼人体机能，从而强化身体素质并展现出色的表演。健美操操化动作的节奏与韵律是基于有氧运动的规律性律动构建而成，步伐多源于基础步伐的演变，而上肢动作则源于基础的徒手体操，这些共同构成了健美操的基本框架。（表7.2）

表 7.2 基本操化动作的组成要素

操化动作 组成要素	具 体 内 容
基本步伐	后踢腿跑、踢腿跳、弹踢跳、吸腿跳、开合跳、弓步跳、踏步及变形
手臂动作	屈、伸、举、摆动、绕、绕环、振
手型动作	各种掌型、拳型、指型等
头颈动作	屈、转、平移、绕、环绕
肩部动作	提肩、沉肩、收肩、展肩、绕、环绕
胸部动作	含胸、展胸、扩胸
腰部动作	屈、转、绕、环绕
髋部动作	顶髋、摆髋、提髋、绕、环绕
膝部动作	屈、伸、绕、绕环

二、技巧与难度动作

技巧与难度动作主要体现在竞技健美操或表演性健美操中,而健身健美操对动作的难度与技巧并没有很高的要求,大多是以简单易学、锻炼身心为目的。技巧动作,特别是翻腾类动作,是健美操中展现运动员高超技艺的一环。而难度动作,在竞技健美操中占据重要地位,这些动作具有分值,完成它们需要运动员具备精湛的技巧和卓越的体能。

三、舞蹈动作

舞蹈动作可以汲取多种舞蹈风格,如街舞、拉丁舞以及爵士舞等。每种舞蹈都有其独特的韵味,在将其融入健美操中时,必须结合健美操自身的特性和要求进行创新编排。舞蹈元素的加入,为健美操增添了美感、文化内涵和鲜明的风格特点,使其更具娱乐性和审美价值。

四、托举、配合、队形

在创编成套动作时,托举、配合与队形的运用是体现团队协作和集体性的关键。托举动作可以贯穿于整套动作的始终，开头要迅速且易于实施，中间部分应体现主题，并可能成为亮点，而结尾部分则应设计得独特而引人注目。但值得注意的是，托举动作具有一定的风险性，因此在实施时必须确保运动员的安全。托举动作主要运用于竞技健美操和表演健美操中，而在健身健美操中几乎是看不到的。

配合是指运动者之间的相互接触、呼应等动作，如相互击掌等。配合动作的巧妙设计能给整个表演过程增添不少亮点，成为运动者相互配合的"润滑剂"，可促进同伴间的感情交流，也体现了集体项目特有的凝聚力。

队形的变化在成套动作表演过程中必然会发生，运动者需要通过各种不同的队形对舞台进行很好的空间运用，以体现不同形式的团队动作。

五、过渡与连接

过渡与连接动作指的是操化动作与配合、托举或难度动作在同一空间内的衔接。流畅自然的过渡动作能显著提升表演质量，吸引裁判和观众的目光，给人留下深刻印象。在编排成套动作时，应以顺畅为核心，多样化地运用过渡动作，展现健美操的动感之美。

六、注意事项

（一）应体现健美操的特征

健美操的创编可以灵活运用其他项目的特色和动作内容，或者与健美操主题表达内涵相似的题材，如武术、拉丁舞、花样滑冰等。但这并不意味着可以照搬其他项目的内容来作为健美操的动作内容，而是要在充分体现健美操项目特点的基础上进行改编和创造。只有避免了无效复制的创编，才更具有文化内涵和多元性。

（二）与音乐完美融合

音乐可以说是健美操运动的节奏器，富含节奏感的韵律为健美操提供了更多的艺术感和活力感。所以，创编者必须重视音乐、了解音乐、把握音乐及其表现形式与内涵。只有选择恰当的音乐伴奏，才能使动作更具有灵性，才能使成套动作的展示更加动人。

(三)充分发挥表演者的能力

创编内容本身作为固定的套路动作,对于观众来说多次的表演可能差别不大,但表演者作为动作内容展示的载体,对其表现出来的效果具有很大不同。不同的表演者有着不同的基础、技能、特长,如果能够充分考虑不同表演者的不同特点,相同的创编内容也能够呈现出不同的演出效果。因此,符合表演者特点的创编内容,才能够将健美操运动的魅力发挥得淋漓尽致。

第三节 高中健美操创编步骤

一、全面解读规则

竞赛规则是创编者编排成套动作的标尺,在编排成套动作之前,教练员必须熟练掌握当前周期的竞赛规则及相关要求,同时了解违例事项,以避免因重大失误而丢分,从而防止不可逆转的不良后果。因此,创编健美操动作的第一步,就是要全面解读竞赛规则,为整体的布局和成功的表演保驾护航。

二、确定整体风格

在进行创编时,首先要结合项目类型的特征以及运动员的个人技术特点,选择符合动作内容主题的音乐和与之相匹配的动作素材,以确定整套健美操的风格特点,然后根据成套动作的风格表明主题并形成基本框架结构。健美操的创编需要一个整体的构思来搭建整个套路的基本框架,再以具体的动作内容在这个框架下进行填充和完善。这个总体构思涵盖了健美操的分类与性质、整体动作风格、基本动作内容、整套动作的时间长度、难易程度、音乐的节奏与速度,以及运动量和动作强度等多个方面。通常,健美操的总体构思可以通过两种方法来实现:

第一种:确定目标→选择并剪辑合适的音乐→选定所需素材→构建基础框架→遵循创编原则编排动作与分段→按照整体顺序整合成套动作→进行评估与调整;

第二种:确立目标→设计整体结构框架→选定相关素材→依据原则编

排动作→按整体顺序整合成完整套路→创作并剪辑音乐→进行评估与修改。

三、制定创编目标

不同的健美操种类有着不同的运动目标,健身健美操是以强身健体、娱乐身心为主,竞技健美操是以增强竞争力、获取成绩为主,将夺得桂冠作为最终目标,表演健美操则以展现风姿、演绎艺术为主。因此,在创编成套动作内容时需要明确创编的目的,只有目的明确,才能使创编更具有针对性,才能将创编素材更好地利用。

四、选择与编辑音乐

音乐的选择与编辑和动作的编排存在两种情况:一种情形是,先完成整套动作的编排,然后依据动作内容挑选并编辑音乐;另一种情形则是,先选定并编辑音乐,再据此编排整套动作。

在选择与编辑音乐时,创编者需兼顾两方面。其一,所选音乐的风格需与健美操的类型特点相契合;其二,音乐的韵律、节奏等各方面应与整套动作的主题保持一致,以有助于更好地展示动作。在选好音乐后,根据编排的需要,对选择的音乐进行适当的编辑,在不破坏音乐整体构成的前提下,确保编辑后的音乐能够使动作与动作之间有很好的衔接与过渡,整体上自然且流畅。

五、选择动作素材

选择动作素材的一个重要原则,是所选动作必须遵循人体生理结构且符合相关规则,其内容包括操化、过渡连接、托举以及难度动作等。首先,操化动作的来源依赖于日常积累,同时也可以融入创新元素,以凸显整套动作的主题,并提升整体的艺术感;其次,在选择过渡连接动作时,为了增强观赏性和艺术感,可以大胆借鉴武术、体操、街舞、现代舞等多种项目的动作元素;最后,在挑选难度动作时,需根据运动员的技术能力和风格特点,选择能够凸显其个性特色的难度动作,但所选择的难度组合必须符合比赛规则的要求。

六、分段编排

成套动作可以分为准备、基本和结束三个部分。创编者在对内容进行逐一编排时,需要考虑音乐的节奏与韵律,按照创编的原则将全套动作化整为零。在编排动作时,可以先着手设计步伐,然后再编排手臂和躯干的动作。在这个过程中,还需注意动作的方向与位移的合理性及其变化,确保分段动作不仅与主题相符,还能呈现出自然流畅的效果。当整合这些动作时,需要确保它们能够合理衔接,最终形成一个协调统一的整体。

七、组合成套动作

当各部分动作都得到确定后,就可以将单个动作组合成成套动作。创编者可根据动作结构和音乐节奏的需要,将对应的动作组合相互串联起来,最终形成完整的成套动作。组合串联起来之后,创编者还需要审视组合之间的不足,检验是否顺畅;如果需要再增加一些元素,那么可以针对动作内容的流畅度来对成套动作进行补充。

八、修改与完善

一套完整动作创编完成后,需要先进行小规模的实践,然后对其效果作出评价和判断,再根据实践效果来对内容进行修改与完善,最终完成健美操的成套动作。修改可以与创编同时进行,也可以在创编结束后再修改。

第四节 高中健美操创编方法

一、整体构思法

整体构思法是一种对整套健美操动作进行全面、系统规划的方法。它涉及动作的主题风格、时间长度、负荷程度、音乐选择以及基本动作内容等多个方面。通过整体构思法,能够构建出一个完整且富有创意的健美操动作体系。

二、分段解析法

分段解析法是对整套健美操动作进行细致划分和逐步解析的方法。通常将整套动作分为准备部分、基本部分和结束部分,每部分都有其独特的动作内容和侧重点。在准备部分,动作以伸展性为主,音乐节奏较为缓和;基本部分则强调高强度、高质量的力量型和跳跃类动作,音乐节奏动感强烈;结束部分则逐渐降低动作强度,音乐节奏也趋于平缓。分段解析法有助于确保整套动作的连贯性和协调性,同时符合从简单到复杂、从低强度到高强度的运动规律。

此外,在创编过程中,还应遵循由远离心脏的肢体末端逐渐过渡到躯干直至全身性活动的原则。动作节奏应从慢到快,运动量由小到大,逐步增强;在动作结束时,则应逐渐减小动作幅度和强度,这样既能保证动作的协调性和美观性,又能确保运动者安全、有效地完成整套动作。

三、线性累计法

线性累计法是一种逐步增加新动作元素的方法,它聚焦于具体动作的逐步累积,既可以是单个动作元素的增加,也可以是多个小节动作的累积。

四、移植转换法

在动作创编中,移植转换法是一种将某一项目的技术动作移植到另一项目中的方法,以创造出新的动作技术。这种方法可以基于项群训练理论的原理,将属于同一类的运动项目的技术动作移植到健美操中。同时,对于不属于同一类的运动项目,只要其技术动作具有经典或新颖的特点,也可以经过教练员的改造,转化为健美操的技术动作。例如,健身健美操的动作就借鉴了民族舞、拉丁舞和爵士舞中的合理元素,其许多动作与相邻的艺术领域存在相互关联与转化的关系。因此,健美操编排者既需要掌握本专业的技术和理论知识,同时也需了解其他相关项目,以便在不同运动项目之间建立联系,创造出独特且富有特色的动作。

五、转移变换法

转移变换法是在原有技术动作的基础上,根据需要进行变换,创造出新的动作。竞技健美操因其多方位、多角度、多节奏变化的特点,使得教练员在创编过程中能够巧妙地将有限的技术动作转变为更加复杂多样且富有创新个性的新动作,从而丰富健美操的表现形式和内涵。

方向变化法:人体正面的朝向不同,可产生多达 10 种不同的方向变化。这些变化包括正面、背面、左侧面、右侧面等基本方向,以及更复杂的对角线变化,如左前对角线、右前对角线、左后对角线和右后对角线。此外,还可以进行顺时针和逆时针的旋转,其中每种旋转又可分为 90°、180°和 360°的不同角度。

节奏变化法:这一方法与音乐的节拍和动作的速度紧密相关。通常情况下,一个动作是由半拍或两拍的节奏来完成的。以跑步为例,一般而言,每拍对应一个动作。节奏的变化可以带来不同的效果,比如可以放慢动作,使每两拍完成一个动作;或者加快动作,使一拍内完成两个动作。这样的变化能够为动作带来更加丰富多样的表现。

六、联想创意法

联想创新法是一种基于感知和已知信息的再创造方法。该方法基于大脑记忆库中的信息,鼓励创编者探寻与健美操相关的内容或进行联想。例如,将社交舞的配合动作与健身健美操的双人配合相结合,就是联想创新法的一种体现。这种方法体现了创编者对动作技术技巧的广泛借鉴和融合。在实践中,舞蹈、体操、芭蕾、武术等多元艺术形式都能为健美操提供动作灵感,通过跨界的联想与想象,促进思维的拓展,从而实现动作的创新。

七、衔接串联法

衔接串联法,是指当一套动作的基本结构已经确定后,为了增强动作间的连贯性或配合音乐节奏,可在其中添加操化动作、过渡连接动作、特殊音效或其他特色动作。这些添加的动作在整套动作中可起到重要的桥梁和纽带作用,确保了动作的流畅性和整体呈现效果。

八、录像资料法

录像资料的收集要体现时代性,资料应该是高水平运动员的比赛套路,并结合自身队员的实际能力,从竞赛套路中吸取精华,为编排整套动作寻找灵感和启发。一般在观看录像的时候,主要关注操化动作的内容及其在成套动作中的布局与分布、难度动作的选择及分配、过渡与连接的新颖及流畅、托举与配合的巧妙与创新、音乐选择的风格以及音乐和每一个内容的有机结合等几个方面。

此外,还需特别注意的是,所选取的录像资料必须具有一定的时效性,且应来源于高级别的赛事。在编排过程中,选择与运动员相匹配的音乐和难度动作是至关重要的。

高中健美操赛事的组织与策划

第一节　健美操竞赛种类与内容

一、健美操竞赛种类

根据比赛的目标和职能,健美操比赛可以划分为健身健美操和竞技健美操;从比赛的规模和大小来看,可以分为大型、中型和小型比赛;若按照组织单位来分类,则可以分为全国性和地方性比赛;而根据比赛的性质,又可以分为竞技性和训练性比赛。

二、健美操竞赛内容

健美操比赛的内容主要包括健身健美操比赛、竞技健美操运动员等级规定动作比赛、按照规定的难度动作自编的成套动作比赛,以及完全自编的成套动作比赛。

(一)健身健美操比赛

我国健身健美操比赛主要依据大众等级锻炼标准展开,现行标准分为1～6级,共包含4个层次6个级别,专为国内大众健身人群设计。经过长期的推广与举办年度分区赛、总决赛,现已有超过百万的达标人数。

(二)竞技健美操运动员等级规定动作比赛

竞技健美操运动员等级动作竞赛涉及运动员与教练员根据竞技健美操竞赛规则,创作不同等级的成套动作。这些动作需经主办单位确认后,作为各参赛单位共同完成的比赛内容。目前,我国已完成成人及青少年不同组别的规定动作创编。

(三)竞技健美操规定难度动作自编成套动作比赛

这种竞赛形式在国际青少年比赛中尤为常见。在赛事规程发放时,会对各运动员选用的难度动作进行规范与限制,要求自编操化、过渡连接,形成完整的成套动作。国际规则对不同年龄组的难度动作均有明确要求。

(四)自编动作比赛

各参赛单位需依据竞赛规程及规则,创编一套独特形式的健美操成套动作参赛,以展现各自的创意与实力。

第二节　高中健美操赛事的组织

高中健美操赛事组织的工作十分复杂,例如国家级的健美操比赛,涉及各种各样的比赛项目、严谨的评分系统、多层次的运动员年龄阶段、相关部门和人员的规模以及赛事的运转流程等,工作纷繁而冗杂。赛事的成功需要组织机构在整个比赛过程中面面俱到,严密地开展各项工作。根据比赛的规模,其具体的组织可分为以下几个部门:

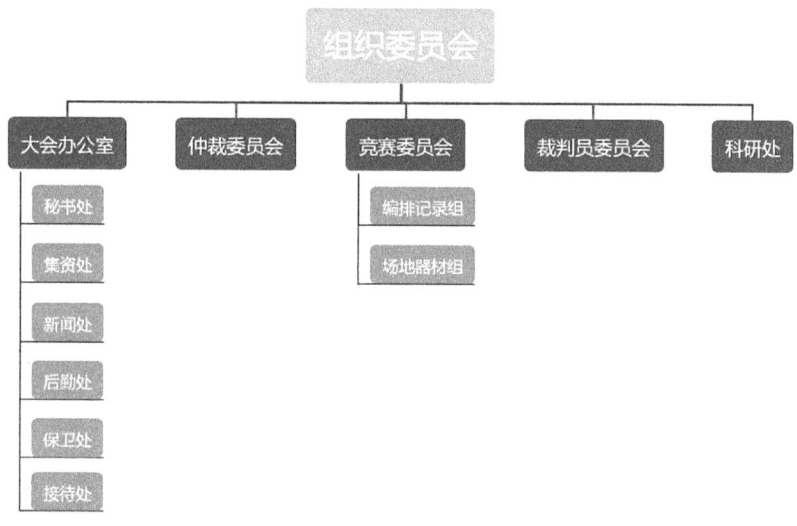

图 8.1　赛事组织机构图

(一) 大会办公室

大会办公室作为组织委员会的执行中枢，全面统筹和领导大会的各项事务。其职责涵盖从活动日程的安排到经费预算的制定，再到开、闭幕式方案的拟定，同时负责奖品的策划与颁发等。此外，办公室还需召集领队、教练员进行会议交流，并确保与外部各方的有效联络。为实现这些职能，办公室内部须分工明确，应设立秘书处、集资处、新闻处、后勤处、保卫处和接待处等部门，各部门间须密切协作，共同确保大会的顺利进行。

(二) 仲裁委员会

仲裁委员会是组委会直属机构，负责处理比赛过程中出现的争议和裁判难以当场解决的判罚问题。特别是在竞赛评分方面，仲裁委员会负责作出最终裁决。该机构多由相关领域的专家和权威人士组成，以确保裁决的公正性。

(三) 竞赛委员会

竞赛委员会是赛事业务管理的核心机构，负责制定和推行健美操比赛的详细方案。它由主任领导，成员包括文秘、竞赛管理专员和行政内勤等，共同承担大会的竞赛组织任务。此外，竞赛委员会还可细分出编排记录组和场地器材组，前者专注于竞赛日程、场地分配、出场顺序、抽签、号码发放、秩序册编排以及成绩统计等工作，后者则专注于比赛场地和所需器材的准备与维护等工作。

(四) 裁判委员会

裁判委员会由资深裁判团队和裁判长共同组成，他们负责整体策划和指导裁判工作的执行。裁判团队包括裁判长、裁判员、记录员、计时员、视线员、检录员和放音员等多个角色，负责确保比赛的公正性和顺利进行。根据比赛的规模，裁判员的数量可以进行相应的调整。在大型活动中，裁判长拥有最终决策权，全面负责裁判工作，而副裁判长则起到协助和支持的作用。

(五) 科研处

科研处负责在赛事中采集相关数据和资料以作为科学研究的依据，并利用得出的结论不断完善健美操理论，为健美操运动的发展提供更多的理论支持和实践指导。

第三节　高中健美操赛事的策划

高中健美操赛事的成功策划能够保障健美操比赛得以顺利开展。策划工作的效率及组织安排能力会直接影响赛事的质量和成效，如果比赛时间和场地的设置不科学、不严谨，运动员的表现与发挥就会受到一定程度的影响。赛事策划工作主要涵盖赛前、赛中和赛后三个阶段。

一、赛前策划

（一）召开赛事筹备联席会议

在赛前策划阶段，首要任务是召开赛事筹备联席会议。这一会议由主办单位或主要负责人牵头，召集相关单位及部门的人员共同参与。会议的核心目的是协商并确定竞赛的各项具体细节，如承办单位、协办单位的选择，经费来源的确定，以及比赛日期、地点、规模的安排等。为确保筹备工作的顺利进行，还需成立竞赛筹备委员会，并明确委员会各成员的分工任务，确保每项工作都能得到有效落实。

（二）制定竞赛规程

竞赛规程是健美操比赛的关键指导文件，为比赛筹备工作提供重要依据，同时也是参赛单位、运动员、教练员及裁判员共同遵循的规范。该规程通常由主办单位或负责人根据比赛目标、任务及政策等因素制定，要求内容简明扼要、精确翔实。在获得主管部门审批后，应尽快发布规程，全国性比赛应至少提前半年，中小型比赛不得少于3个月，以确保参赛方有足够的时间做准备，避免影响比赛筹备工作。

竞赛规程一般应包括以下部分：

1. 比赛名称

包括年度或届数、性质、规模、比赛总杯名和分杯名。

2. 比赛目的

简要说明筹办该赛事的目的。

3. 比赛时间和地点

需详细明确地写清楚比赛的具体时间和地点,若因特殊原因无法在下发规程时确定地点,则需将比赛所在城市标明。

4. 参加单位的条件

参赛条件上需写明参赛者地域、年龄等的限定范围。

5. 竞赛的项目

规定本赛事包含的具体项目内容。

6. 参赛的办法

竞赛种类的具体信息需要明确阐述。赛事是采用直接淘汰制,还是包含预赛和决赛阶段,这些都应详细列出;此外,分组方式是基于竞技水平还是年龄,亦需明确说明;比赛是单项赛、团体赛,还是两者兼有,也应一并说明,以确保所有参赛者和观众对竞赛种类有清晰的了解。

7. 参赛人数

说明每个参赛单位的人数要求。

8. 评分办法

说明赛事的参照规则和评分准则,以及团体赛与单项赛的晋级方法等。

9. 录取名次及奖励办法

明确规定奖项的数量和每个奖项的名额分配,同时明确是否设有奖品或奖金。

10. 报名和报到

参赛者需按照规定的报名要求与方式进行报名,并留意报名截止日期。同时,提前告知报到的具体时间、地点、路线及联系方式,确保每位参赛者能够顺利参与。

11. 其他

任何不包含于上述几点的所有事项均列入该项中。

(三)建立竞赛的组织机构

为了确保赛事的各项工作能够顺利进行,需要根据赛事的规模大小建立相应的组织机构,通过具体的部署和分工负责,把控所有的竞赛环节。

(四)召集参赛单位和裁判员会议

会议是参赛单位与裁判员深入沟通的有效方式,旨在加深运动员和教练员对赛事规则的理解。这类会议通常由组委会主导,邀请各处负责人及裁判长参与,分别在赛前与赛后举行。

会议内容主要包括:

1. 阐述赛事的筹备进展;
2. 介绍主要部门负责人与工作团队;
3. 公开竞赛日程与相关规定;
4. 解答参赛单位关于赛事时间、地点等的疑问,如遇规则或技术上的疑难问题,可召开专门的技术会议,由裁判长详细阐述;
5. 通过抽签确定比赛出场次序,条件允许时,各参赛单位自行抽签,若时间紧迫,可提前进行,但需组委会与大会负责人监督,指定专人代理,并在会议中予以明确,避免误解。

赛后,参赛单位和裁判员可举行会议,主要是为了处理后续事务,并特别召开技术研讨会。会议上可回顾本次比赛,针对比赛中出现的问题进行交流研讨,以便积累经验。

(五)编排秩序册

比赛秩序册是关于比赛的核心文件。在参赛单位报名并确定比赛日程和出场次序后,须在比赛前完成编制,并在裁判员和运动队报到时分发。秩序册通常包括运动员、教练和裁判的行为准则,以及比赛规则、组织委员会和相关机构的名单和活动日程、比赛通知、竞赛日程、各场比赛的出场次序等信息。

(六)组织裁判员学习

在比赛前,高级裁判组会对裁判员进行具体的任务分配,并组织他们学习和掌握比赛规则和流程,以确保在比赛过程中评分标准的一致性。

(七)检查场地器材

场地器材组负责准备比赛和训练所需的场地和器材,包括音响、照明和裁判工作所需的工具等。他们还需根据运动员的出场次序准备好评分单和记录笔。

二、赛中策划

(一) 运动员检录

根据赛事项目和时间顺序,检录裁判员在比赛开始前20分钟进行第一次检录,提前10分钟进行第二次检录,核对并按照上场顺序要求运动员依次站队。

(二) 裁判员宣布

在全体运动员、教练员和裁判员面前,宣告赛事的开幕与闭幕,介绍参与赛事工作的各位裁判长、裁判员,宣布比赛队伍名单、项目以及入、退场等;在比赛过程中,出现特殊情况或者需要作出额外说明时,裁判员应及时予以告知。

(三) 裁判员放音

在比赛中准确放送指定音乐,确保比赛顺利进行,并负责接收、保存、归还比赛队伍的CD光盘或U盘。

(四) 裁判员评分

裁判员依据赛事规则,对运动员的动作进行独立的现场打分,并将分数实时记录于评分表或示分牌。随后,这些分数将提交给裁判长进行进一步的扣分处理。

(五) 裁判员记录

裁判记录员负责详细记录比赛项目、参赛队伍名称、各项评分以及裁判长的扣分情况,将所有信息均汇总在单项成绩评分表上。总记录员则负责核对、登记这些分数,并进行计算以确定最终得分。比赛结束后,成绩将被公示在公告牌上,并随后发放成绩册以供查阅。

三、赛后策划

（一）举行颁奖仪式

在赛事结束后，裁判员宣布各队成绩，举行颁奖仪式，颁发证书或奖牌。

（二）编印发放成绩册

成绩经统计并核对后，将各个项目的成绩编印成册，分发给各参赛队伍、裁判员以及相关部门。

（三）召开工作会议

赛事结束后，各部门集中召开会议进行总结，让后续赛事的开展更加顺利。

（四）运动员离场

接待部门安排运动员、教练员离开场地。

第四节　高中健美操赛事的评价

健美操竞赛规则是由中国健美操协会（CAA）制定并根据需要修改的，是每一位健美操运动员必须遵守、执行的规则，裁判员也需要依据规则执行评分方案。健美操评分规则包括总则、成套动作评分以及特殊情况等三章。第一章内容包含了竞赛性质与种类、参赛项目与人数、竞赛内容、成套动作时间、音乐场地、轻器械、运动员着装、比赛程序、裁判组成；第二章包括了评分方法、艺术分、完成分、裁判长减分；第三章是对赛场上出现的特殊情况及处理方法的说明。

一、总则

（一）竞赛性质与种类

1. 竞赛性质

全国健美操锦标赛、联赛、冠军赛、体育大会健美操比赛等各类健美操赛事共同构成了我国健美操竞赛体系；赛事类型丰富多样，满足不同参赛者的需求。

2. 竞赛种类

包括风采赛、组合赛、集体赛三种。

(二) 参赛项目与人数

1. 风采赛

设有男子单人操、女子单人操,参赛人员不受资格限制。

2. 组合赛

分为混双操(1男1女)和3人操(性别不限),展现选手间的协作与默契。

3. 集体赛

包括徒手操和轻器械操,参赛人数为5~8人,性别不限,展现团队的整体实力。

4. 比赛组别

由具体赛事的竞赛规程决定。

5. 更换运动员

如有特殊情况需更换运动员时,须持有效证明,经组委会批准方可。

(三) 竞赛内容

1. 徒手自编套路

运动员需根据规则与规程要求,自行编排符合规定的比赛套路动作。

2. 轻器械自编套路

运动员利用手持移动器械,创编出符合规则及规程要求的成套动作,展现个人技术与创新能力。

(四) 成套动作时间

成套动作计时从可听到的第一个声音开始(不包括提示音),至最后一个声音结束。

风采赛的成套动作时间为1分20秒~1分40秒;

组合赛的成套动作时间为1分40秒~1分50秒;

集体赛的成套动作时间为1分40秒~1分50秒。

(五) 音乐场地

1. 音乐伴奏

成套动作所使用的音乐可以是一首或多首混合组成，音乐的开始与结束应保持一定的流畅度和清晰度，将成套动作的内容与音乐交相辉映、融为一体地展示出来，同时音乐的韵律特点也应符合健美操运动的自身特征。参赛队伍需自行准备比赛所需的音乐，并确保将第一曲音乐录制在高质量的 CD 光盘上，CD 光盘应自备 2 张，一张比赛，一张备用，在表面清晰写明参赛单位、项目及参赛顺序。音乐 CD 光盘经主办单位审查并收取后，由主办单位进行统一播放。

2. 比赛场地

组合赛和集体赛所使用的场地尺寸为 10 米×10 米，而风采赛场地则为 7 米×7 米。场地表面可选用地板或地毯，并设有 5 厘米宽的醒目色带作为标志带，该标志带被视为场地的一部分。

(六) 轻器械

运动员可手持并能移动的器械被定义为轻器械。在使用轻器械时，必须注重其安全性和美观性，严禁使用如刀、枪、剑等锋利且具有潜在伤害性的器械。

(七) 运动员着装

男、女运动员的比赛服装款式不限，但需便于运动。运动员的服装可适当缀以飘带、亮片等点缀元素，以及独特的设计图案，以增添整体美感。运动员需保持服装整洁，确保头发不遮挡面部，允许适度淡妆。但需注意，除民族健身操舞外，禁止佩戴首饰和手表。同时，合适的内衣必不可少，以防过度暴露或显露文身，避免怪异造型。服装内容需避免涉及战争、暴力、宗教信仰或色情等敏感元素。领奖时，运动员应身着比赛服，以展现其专业性与荣誉感。

(八) 比赛程序

风采赛、组合赛和集体赛均设有预赛和决赛阶段。所有参赛队伍均须首先参与预赛,进入决赛的队伍数量将根据预赛中的参赛队伍数确定。

(九) 裁判组成

裁判团队包括高级裁判组 3 名成员、裁判长 1 名、艺术裁判 3 至 5 名、完成裁判 3 至 5 名、视线裁判 2 名、计时裁判 1 名,以及若干辅助裁判。在基层比赛中,可根据实际情况调整裁判组构成,例如不设高级裁判组。

二、成套动作评分

(一) 评分方法

依照国际体操联合会的健美操评分标准和要求,同时考虑到普及健美操的创编原则及其健身运动特色,可制定专门的评分办法。比赛过程中,裁判员评分精确至 0.1 分,运动员的最终得分则精确至 0.01 分。评分过程公开透明。

1. 最后得分

(1) 得分项目:最后艺术分和最后完成分。

(2) 减分项目:裁判长减分和视线减分。

(3) 最后得分:(最后艺术分+最后完成分)—(裁判长减分+视线减分)。

2. 名次评定

预赛成绩不纳入决赛成绩计算。决赛中,得分高者名次靠前。若得分相同,则按照以下顺序确定最终名次:

(1) 最后完成分。

(2) 最后艺术分。

(3) 考虑全部完成分(不除去最高分与最低分)。

(4) 考虑三个完成最高分。

(5) 考虑两个完成最高分。

(6) 同样适用于艺术分。

(二) 艺术分

每位艺术裁判的评分都是基于艺术编排各项内容的综合评估,总分为

10分。在计算最终艺术分数时,排除最高分与最低分,然后取剩余分数的平均值。艺术裁判的评分因素主要包括以下四个方面(表8.1):

表8.1 艺术裁判的评分因素与分值

成套编排(操化动作、过渡与连接、配合与托举、队形与空间的运用)	4分
成套创意与风格	2分
音乐	2分
表现力	2分

1. 成套编排(4分)

(1)成套编排要求

成套编排主要考察操化动作、过渡与连接、配合与托举以及队形与空间的运用等方面的表现。

❖ 在编排过程中,必须遵循奥运理念和评分伦理道德,禁止涉及暴力、枪战、宗教信仰、种族歧视与色情等主题。同时,应体现健身、健美、健心的原则,注重观赏性和全面提升身体素质,并确保动作的安全性。

❖ 在动作设计上,应以操化动作或器械使用为主,可以融合现代舞蹈、武术、芭蕾等其他项目的元素,但必须符合健美操的运动特点。

❖ 在组合赛和集体赛中,成套动作应包含3次托举动作,多于或少于3次将受到裁判长的扣分处理;托举的高度也有明确规定,超过规定高度将被视为违例托举,同样会受到扣分。

❖ 在成套动作中,难度动作仅被视为普通素材,并不带来额外加分。

❖ 在风采赛中,若出现超过0.5分的3个难度动作或在组合赛、集体赛中出现超过0.3分的3个难度动作,裁判长将进行0.2分的扣分处理。

❖ 整场比赛中,无论是操化动作、过渡连接、配合与托举、队形变化还是器械使用,都需要体现出多样性和创新性。动作的连接需保持自然、动感、灵活且富有创意。

❖ 对于轻器械自编套路,操化动作的设计应着重展现器械的特色和动作的规范性,同时凸显器械的趣味性和锻炼价值。

❖ 运动员在成套动作中可以同时或依次使用同种或不同种器械(不超过3种),但器械的使用需相互关联,并体现一个明确的主题。

❖ 器械的传递与更换应展现出独特的创新性。

(2) 成套编排的评价取决于下列因素:

① 操化动作

❖ 操化动作或器械使用应均匀分布,并展现出独特的创意。

❖ 徒手或轻器械的操化动作应包含具有健美操特色的步伐组合。

② 过渡与连接

❖ 基本步伐和动作组合的衔接应动感、流畅且自然,同时包含灵活而流畅的空中与地面转换。

❖ 运动员在完成动作时,任何一名运动员的停顿都不应超过 1×8 拍的时间。

③ 配合、托举或器械的使用

❖ 在完整的成套动作中,运动员间的动力性配合至少应展现两次以上。

❖ 托举动作的使用次数应控制在3次以内,包含起始与结束部分。

❖ 动力性配合动作的设计需巧妙而造型美观,执行流畅,兼具多样性和趣味性,以提供观赏价值。

❖ 托举动作从准备到完成,再到与其他动作的衔接,应自然流畅,与整体动作融为一体。

❖ 托举动作时不允许出现违例动作。

❖ 在自编轻器械动作中,器械的传递至少应出现两次以上。

❖ 托举动作时,应确保与器械有适当的联系,包括起始和结束的造型。

(3) 队形与空间的评价取决于下列因素:

❖ 动作编排中,至少应有6个不同的队形变化。

❖ 场地中央及4个角等各个位置都应得到有效、充分和均衡的利用。

❖ 运动员在比赛中的移动方向应展示出前后、左右、对角及弧形等多种路线。

❖ 动作中应至少出现两次以上的高、中、低空间层次变化。

(4) 艺术裁判根据下列标准评价成套动作的编排:

- ❖ 成套动作中如出现显示其他项目特征的动作或静止造型动作（4拍以上），每次扣除0.2分。
- ❖ 若出现渲染暴力、枪战、宗教歧视、色情等内容的动作，每次扣除0.2分。
- ❖ 总体评价中，操化动作应展现出复杂多样性，否则将视情况扣除0.1至0.5分。
- ❖ 在成套动作中，各个动作间的衔接需保持恰当与连贯，若存在一次不合理或不流畅的情况，将扣除0.2分。例如，团队中出现4拍以上的停顿和过度。
- ❖ 在连续的动作展示中，任何队员若发生超过1×8拍的停顿，同样会扣减0.2分。
- ❖ 对于动作的配合与传递，成套动作中队员间应至少展现两次动力性配合动作和两次器械传递，缺失一次即扣0.2分。
- ❖ 托举动作需确保从开始到完成的时间控制在2×8拍内，超出则减0.2分。
- ❖ 托举时所有器械不得脱离运动员身体，否则每次扣除0.2分。
- ❖ 在成套动作中，一位或多位运动员将器械传递给其他队员进行徒手操作时，此类动作不得超过两次，且每次器械脱离身体的动作时长不得超过4×8拍，违反规定将扣0.2分。
- ❖ 整套动作至少应展示6次不同的队形，少一次即扣0.2分。
- ❖ 对于场地的使用，应全面且均衡，避免过多集中在某一区域或偏离中心，每缺少一个角的利用即扣0.2分。
- ❖ 在动作编排上，应至少包含前后、左右、对角及弧线的移动与变化，缺少任何一个移动路线即扣0.2分。
- ❖ 成套动作中至少应展现两次空间变化，如跳跃腾空或从站立到地面再回到站立等，每少一次扣0.2分。

2. 成套创意与风格（2分）

（1）成套创意与风格取决于下列因素：

- ❖ 成套主要依赖于创意的呈现、动作风格与音乐风格的协调，以及主题的明确表达。这些因素共同构成了评价成套动作创意与风格的重要标准。
- 成套中需涵盖 7 种健美操基础步伐,包括踏步、开合跳、吸腿跳、踢腿跳、弓步跳、弹踢腿跳和后踢腿跑,以及它们的变形,每种至少展现两次。
- 手臂动作或器械组合需展示多样、不对称和创新的特点。
- 成套中应充分展现身体各部位的协调配合。
- 运动员可依次或同时使用多种器械,器械可置于场外。在更换或使用场外器械时,除手外,身体其他部位不得越界,且动作转换需流畅、精准且及时。
- 允许部分运动员持器械,其余徒手,如 1 位运动员持 6 个器械,其余 5 位则徒手。

(2) 艺术裁判根据下列标准评价成套动作的创意与风格:
- 成套若缺乏明确的主题思想,扣除 1 分。
- 7 种基本步伐在成套中的分布需均匀,否则扣减 0.2 分。
- 成套动作设计中每种步伐至少出现两次,每少一次扣 0.1 分,最高扣至 0.5 分。
- 成套动作中每 2×8 拍的动作中,至少应有一次方向或面的变化,否则每次扣 0.2 分。
- 器械的更换时间不得超过一个 8 拍,否则扣 0.2 分。

3. 音乐(2 分)

(1) 音乐的评价取决于下列因素:
- 音乐的剪辑应流畅、自然且完整。
- 所选音乐应与成套动作的风格相协调,有助于展现运动员的技术和个性特点。
- 音乐制作需确保高质量,效果音的使用应适度,并与动作紧密协调。

(2) 艺术裁判根据下列标准评价成套动作的音乐:
- 成套动作的音乐剪接应流畅、自然、完整,任何不流畅或中断的剪接将导致 0.5 分的扣分。
- 所选音乐需与成套动作的风格和谐统一,任何不协调的音乐选择将扣减 0.5 分。
- 音乐制作的质量至关重要,效果音的使用应适度并与动作相协调,不符合要求的将扣减 0.5 分。

4. 表现力(2 分)

(1) 表现力的评价取决于下列因素：

❖ 运动员应通过精准、高质量的动作展现其表演技巧和创意。

❖ 运动员完成动作时应展现出整洁、利落的形象,给人留下深刻印象。

❖ 运动员需展现体能和动感,避免过度依赖呼喊或歌唱；面部表情应保持自然、愉悦,避免过于夸张。

❖ 运动员应充分利用器械,展现其在成套动作中的价值,实现人与器械的和谐统一。

(2) 艺术裁判根据下列标准评价成套动作的表现力：

❖ 运动员的动作完成度应达到高质量,以留下干净、利落的印象,不符合要求将扣减 0.1 至 0.3 分。

❖ 运动员需展现体能、动感和健康、阳光的精神风貌,未达到要求将扣减 0.1 至 0.3 分。

❖ 运动员在动作完成时应自然流露出热情、活力与自信,缺乏这些特质将扣减 0.1 至 0.3 分。

(三) 完成分

每位裁判的评分都是基于每项动作与完美完成之间的偏差进行减分得出的,起始分数为 10 分。在计算最终完成分时,会排除最高分与最低分,然后对剩余分数取平均值。

(1) 完成裁判的评分因素：

❖ 技术技巧。

❖ 强度。

❖ 合拍。

❖ 一致性(组合类与集体赛)。

(2) 基本步伐的要求：

❖ 踏步：作为一种常见的低强度步伐,其特点在于起始时脚尖先接触地面,随后平稳过渡到脚跟,确保整个步伐的流畅与稳定。

❖ 后踢腿跑：与踏步相比,它的强度更高,要求髋部和膝部保持直线,脚向后踢出。

- 弹踢腿跳：这种动作要求膝关节和髋关节的运动幅度较小，伸展时要有控制。
- 吸腿跳：在进行吸腿跳时，身体需维持直立，膝关节弯曲至少 90 度，脚尖需保持伸直状态，并确保落地时运用正确的技术技巧。
- 踢腿跳：支撑腿允许有轻微的弯曲，但重要的是踢出的腿必须保持笔直。
- 开合跳：分腿时，应使髋部外展，膝关节指向同一方向；合并双腿时，脚可以平行或外展落地，整个动作应平稳进行，并注重落地时的缓冲。
- 弓步跳：身体重心需分布在两腿之间，脚应向前或平行移动（避免外翻），同时主力腿的膝关节应位于上方。

（3）器械运用的要求：

要求熟练掌握器械的特性，并注意在使用时控制器械的高度、强度、方向及面向。

完成裁判将根据动作的完成情况对参赛者进行评分，对于动作中出现的错误，将根据错误的程度进行减分。

（4）完成裁判对以下错误情况予以减分：

- 小错误：指稍偏离正确完成，每次减 0.1 分。
- 中错误：指明显偏离正确完成，每次减 0.2 分。
- 大错误：指动作严重偏离正确标准，每次减 0.3 分。
- 严重错误：指动作严重不符合规范，每次减 0.5 分。
- 失误：指无法完成技术动作要求，如身体位置不清晰、失去平衡等，每次减 0.5 分。

1. 技术技巧

- 身体的姿态和技术规范的评判：全部动作必须表现出正确的身体形态与标准位置。
- 器械使用的充分与合理性。

技术技巧减分：

- 不正确的身体形态与标准位置，最多减至 0.5 分。
- 落地技术不正确，每次减 0.1 分。

- ❖ 动作无控制,每次减 0.1 分。
- ❖ 器械所表现出的形状或方向与其他运动员的不一致,每次减 0.1 分。
- ❖ 操化动作时一位运动员的器械与其他运动员发生意外碰撞,每次减 0.1 分。
- ❖ 操化动作时,运动员的器械在挥摆过程中失手但马上接住,每次减 0.1 分;因动作失误掉器械,原地捡起器械,每次减 0.1 分;移动 2～3 步捡起器械,每次减 0.3 分;大移动捡起器械,每次减 0.5 分。
- ❖ 操化动作时,器械出现破损,每次减 0.5 分。
- ❖ 因动作失误器械脱离于界内,运动员不拣起判为失去器械,减 0.5 分。

2. 强度

强度是以最高质量完成动作的能力,展示通过完成提升创编的效果。

(1) 评价取决于下列因素:

- ❖ 动作频率:若动作出现停顿,或在单位时间内重复次数较少,这通常反映出较低的强度,例如音乐节奏缓慢时的情况。
- ❖ 动作速度:若动作执行缓慢,单位时间内移动的距离较短,这也体现了较低的强度。
- ❖ 动作幅度:当动作较小、单位时间内转动的度数不足时,同样表现为强度较低。
- ❖ 动作力度:这涉及运动员的爆发力和耐久力。

(2) 强度减分

- ❖ 若在 2×8 拍的时间内,动作频率、速度及幅度均保持在较低水平,每次将扣减 0.1 分。
- ❖ 在完成整套动作时,若有 4～5 处动作表现出强度下降,将减 0.2 分。
- ❖ 若强度下降的动作达到 6～7 处,则减 0.3 分。
- ❖ 若整套动作中有一半的动作强度降低,将减 0.4 分。
- ❖ 若超过一半的动作强度降低,则减 0.5 分。

3. 合拍

合拍是指运动员与音乐结构和节拍同步动作的能力,评价取决于下列因素:

- 动作内容是否与音乐结构相匹配。
- 动作节拍是否与音乐节拍保持同步。
- 动作韵律与音乐旋律是否和谐统一。

不合拍减分：

- 若1名或多名运动员的动作与音乐节拍出现不符，每次将减0.1分，但整套动作的减分上限为0.5分。

4. 一致性（组合赛与集体赛）

（1）一致性主要考察运动员在完成动作时的整齐程度，评价取决于下列因素：

- 运动范围与运动强度是否保持一致。
- 所有运动员表演技巧的一致性。
- 器械运用的一致性。

（2）不一致性减分（限于组合赛和集体赛）

- 集体中若1名运动员的落地或出手时间早于其他队员，每次扣减0.1分。
- 集体中若1名运动员的转体动作提前或稍显失控，将被扣减0.1分。
- 集体中若1名运动员在吸腿跳时角度与其他队员不同，将扣减0.1分。
- 器械在运用过程中的位置、高度、方向或面向若不一致，每次扣减0.1分。

（四）裁判长

1. 职责

裁判长的主要任务是记录并评判成套动作的完成情况，对违反规定的动作内容或运动员的不当举止进行减分处理。

2. 违例动作

（1）为确保运动员的安全，比赛中不允许出现任何违例动作。

- 所有沿矢状轴或额状轴翻转的动作。
- 所有身体成一直线并高于水平面30度以上的双手支撑动作，直至任何形式的倒立。

- ❖ 任何马戏或杂技动作。
- ❖ 任何身体抛接动作和器械超过 3 米以上的高抛接动作。

（2）违例动作举例如下：

- ❖ 体操动作类，如：各种滚翻、倒立、桥；各种软翻、手翻、屈伸起等。
- ❖ 艺术体操、舞蹈类，如：挺身跳、劈叉后屈体跳、结环跳、水平旋转跳（旋子）、鹿结环跳；膝转、颈转、背转；站立后搬腿劈叉等；器械类大而高的抛接等。
- ❖ 武术动作类，如：侧踹、抽踢等。

3. 裁判长减分

- ❖ 成套时间不符合规定，扣减 0.2 分。
- ❖ 运动员在开赛叫到后 20 秒不出场，减 0.5 分。
- ❖ 运动员在开赛叫到后 60 秒后不出场，则视为弃权。
- ❖ 运动员的着装仪容不符合规定，减 0.2 分。
- ❖ 比赛中运动员物品掉落或装束散开，减 0.2 分。
- ❖ 运动员比赛时身体或器械触及线外地面，每人次减 0.1 分。
- ❖ 违反难度级别或数量规定，每次减 0.2 分。
- ❖ 因动作失误器械脱离于界外运动员不捡起判为失去器械，减 0.5 分。
- ❖ 超过托举的数量，每次减 0.5 分。
- ❖ 违例托举，每次减 1.0 分。
- ❖ 违例动作，每次减 1.0 分。
- ❖ 器械种类超过 3 种，减 1.0 分。
- ❖ 器械超过 3 米以上的高抛接动作，减 1.0 分。
- ❖ 任何伤害到其他运动员的器械使用，减 1.0 分。

三、特殊情况

以下被视为特殊情况：

- ❖ 播放错误音乐。
- ❖ 音响设备出现问题。
- ❖ 设备干扰（如灯光、舞台、会场问题）。

- ❖ 其他任何异物进入比赛场地。
- ❖ 运动员责任外的弃权。
- ❖ 运动员遇以上情况应立即停止动作,成套结束后提出的抗议将不予受理。
- ❖ 经裁判长决定后,运动员可重做,原分数作废。

其他未列明情况,由高级裁判组视情况决定,其判定为最终决定。

高中健美操运动的医务监督

第一节 运动负荷的评估与监控

在体育课中,运动强度指的是学生进行体育活动时对身体的刺激程度。与其他科目不同,体育课程要求学生承受一定程度的运动强度,这是他们学习运动技巧、提升身体素质和享受运动乐趣的基础。在健美操课程中,设定的运动强度需与学生的实际运动能力和身体机能的发展趋势相匹配,同时,必须充分考虑学生的身体承受能力。设定适当的运动强度不仅能满足体育教学的需求,还有助于针对性地提升学生的能力,帮助他们掌握运动技能、增强体质,从而促进学生的身心双重健康,提升他们的社会适应能力。

一、健美操课程运动负荷的衡量

健美操课程充满了多变性和丰富性,学生运动负荷的承受能力受到年龄、性别、体育基础等方面的影响,使得运动负荷很难进行精确的衡量。常用内部数据与外部数据两个层面来衡量体育课运动负荷。

内部数据反映的是学生在进行体育锻炼时身体内部发生的变化,这些变化可以通过心率、肺活量、心输出量、血乳酸含量等生理指标来进行量化评估。而外部数据则是指学生运动的具体表现,如练习次数、时长、负荷、距离、速度以及练习的密集度和强度等,这些数据通常可以直接通过观察或测量得到。

一般情况下,外部数据和内部数据之间存在着正相关性,也就是说,外部的运动表现越强烈,身体内部的生理反应也会相应地增大。然而值得注意的是,即使面对相同的外部运动负荷,不同的个体或处于不同训练阶段的人,其身体内部的反应也是有所差异的。例如,在相同强度的运动练习中,不同人的心血管系统和运动系统的活跃程度可能会有所不同。

内部数据能够体现学生在健美操课程上身体机能的动员程度,评估能量供应系统的作用方向以及机体对运动负荷的适应性。体育课常常利用心率指标来监测运动负荷的变化,以此评估学生对运动负荷的适应程度。一般而言,那些以能量供应为基础的练习会使得心率指标更为敏感。体育课的主要目标是提升学生的有氧代谢能力,良好的心肺功能有助于运动技能的快速掌握,而心率指标能客观地反映体育课中有氧代谢运动负荷的大小。然而,当涉及灵敏性、柔韧性、平衡感等其他身体素质的训练时,心率指标的有效性会大幅下降。这是因为这些训练主要依赖于神经和肌肉的控制,心血管系统的活动并非主导因素;肌肉力量的练习可以引起心率的快速上升,但对于该类练习,仅使用心率指标很难准确衡量机体承受的运动负荷大小,而应该与外部数据相结合以反映真实的运动负荷。

外部数据常作为体育课运动负荷设定的参考起点,其中,运动量和运动强度是两个核心的操作要素。运动量主要反映的是在体育活动中人体所经受的生理和心理负荷,以及所消耗的热量,它受练习的运动强度、持续时间、动作准确性以及运动项目特性等多重因素共同影响。而运动强度则代表身体练习对人体生理所产生的刺激程度,它也是构成运动量的一个重要组成部分。运动量和运动强度构成了运动负荷的整体,并且两者相互影响、相互渗透,任何负荷的量的产生一定会对强度带来影响,一定的运动强度是任何负荷的量存在的基础,一定的运动量也是任何负荷的强度存在的必要条件。对于体育课运动负荷的衡量,需要充分认识和熟悉运动量和运动强度,便于教师更好地评估和监控运动负荷。

二、健美操课程运动负荷的科学设置

对于体育与健康课程中运动负荷的要求,新课标给出了详细的说明并提出了针对性的解决方案。每节体育课都要满足一定的运动密度和运动强度。

运动密度包含两个层面:群体与个体。群体运动密度指的是在一节体育课中,全体学生投入到运动的总时长占整堂课时间的百分比,其比例应达到至少75%。而个体运动密度则侧重于单个学生在体育课中参与运动的总时长占整堂课的百分比,这一比例应至少保持在50%。这样的设定确保了学生在体育课中能够有充足的时间进行运动,提升课堂的运动效率。要想体育课运动密度得到保障,教师应尽量减少对动作和练习内容的过多赘述,简化和灵活运用教学方法,使得学生在课堂中都能获得足够的练习时间;同时要让每一位学生都能够参与到练习当中并获得相同的练习机会,使每一位学生都能在实践当中学习和掌握运动技术。

运动强度反映了运动时所用力量的多少和身体的紧张程度,一般可以通过心率来衡量。每节课中,应确保运动强度达到中高水平——以班级学生平均心率为例,应保持在每分钟140至160次之间。评估运动强度的一个简单而常用的方法是利用心率(脉搏)作为指标,特别是采用最大心率百分比法。最大心率是指个体在进行最剧烈运动时,心率无法再随运动强度的增加而上升的那个数值。对于大多数人来说,估算最大心率的一种常用方法是基于年龄。这一方法基于一个假设:婴儿出生时最大心率为每分钟220次,随后每增长一岁,最大心率就减少一次,即得出:最大心率=220-年龄。

三、健美操课程运动负荷的基本要求

运动负荷对学生身体产生影响的途径就是体育与健康课程,教师所安排的任何练习内容都会产生一定的运动负荷。因此,应注意合理安排体育课程的运动负荷。

(一) 按照学生的身心发展规律

每个学生有着不同的身体情况,其运动负荷承受能力也有所不同,教师应充分了解学生各自的体能状况,安排符合不同体能水平的运动负荷,使每个学生均能以合理的运动负荷参加练习。教师在健美操课堂上对于运动负荷的安排应以常规负荷为最初基准,保障大部分学生的运动负荷承受程度达标,既不超过也不缺失,同时对该运动负荷进行适当的减少或增加以分别照顾运动能力较弱与较强的学生,尽量满足所有学生的需求,确保每个学生

受益。教师在课后也应观察和了解学生练习后的身体状况,以便后续对于课程运动负荷的安排作出及时的调整。

(二)按照体育课程的类型

健美操体育课程与其他体育课程一样,都有不同的上课类型,如新授课、复习课、综合课、考核课等。新授课以教授新的教学内容为主题,需要学生充分了解和掌握技术动作的基本结构,对此教师通常会投入较多时间在讲解和示范上,运动负荷自然便会降低,那么运动负荷的安排应适当减少;复习课以旧的教学内容为主题,学生已基本掌握了运动技术、技能,此时如果一味进行讲解和纠错,只会降低学习效率,学生需要的是在不断的练习当中巩固和内化技术动作,因此,应安排较高的运动负荷来帮助学生进一步学习;综合课上包含了新内容和旧内容,运动负荷的安排也因此需要根据新旧内容进行中等负荷的安排;考核课的设置是为了考察和检验学生对于已学内容的掌握程度,因此应安排较小的运动密度和较大的运动强度。

(三)按照课程内容的性质

与田径、篮球等运动项目不同,健美操课程的特点是强调灵活性和协调性,侧重于动作难度的掌握。在健美操课程当中,往往需要很多时间去教授成套动作中的具体动作,最后进行统一的展示,那么在学习新动作时,应合理搭配不同性质的课程内容,例如加入强度较大的跑、跳内容,使得整节课程的运动总负荷能够达到合理的标准。如果实际的运动负荷没有达到预期的结果,应另外安排提升身体素质的练习,可以是发展身体机能的一般身体素质,也可以设置与运动项目相关的专项身体素质,以便课程运动负荷的合理安排。因此,教师应根据不同运动项目的特点和不同课程的教学内容安排不同的运动负荷,以获得满意的教学效果。

(四)按照实际教学条件和自然气候

体育教学器械是体育课程得以成功开展的必要物质条件,而每个学校的器械配备都不相同,运动负荷的安排便会受到一定的影响。例如健美操课程中,需要用到双杠器械,较好的教学条件可以为学生提供足够的双杠来帮助学习,运动负荷的安排也能得以正常的实施;但较差的教学环境无法满足正常的练习,学生花大部分的时间在排队练习上,运动负荷无法达到预期的目标,此时,教师则应及时转换教学方法,以分组轮换或分组教学等形式,加大学生的练习密度。

气候环境同样也会对体育课程的运动负荷产生影响。在较高温度的环境下,教学的运动负荷会受到生理方面的影响,往往会比预计的负荷要大,此时运动负荷应相对降低;较低温度的环境使得学生的身体机能无法快速得到启动和唤醒,通常的运动负荷可能不能起到正常的效果,此时应增加运动负荷,提高对机体的动员程度。此外,下雨、台风、冰雹等天气也是安排运动负荷应考虑的因素。

第二节 常见运动损伤与病症处理

运动损伤是指运动过程中发生的损伤,具有创伤性,即有组织器官的破坏。运动性病症是由于不恰当的训练安排引发的体内功能紊乱现象,并非直接由外部创伤所致。在健美操运动中,由于其快节奏、大幅度的动作特点,练习者面临着较高的风险,容易遭受不同程度的运动损伤,并可能因此出现运动性病症。

一、健美操运动损伤类型

根据损伤的性质,运动损伤可以大致分为两大类:开放性损伤和闭合性损伤。开放性损伤是指受伤部位的内部组织外露,即皮肤血液流出、肌肉或骨头与外界相通等损伤,如切伤、刺伤等;闭合性损伤则是指受伤部位皮肤或黏膜仍处于完整状态,没有内部组织与外部相通,但内脏或血管等可能受到创伤,呈淤青状。

按损伤病程进行分类,可分为慢性损伤和急性损伤。在健美操运动中经常发生的大多是慢性损伤,一般早期症状并不明显,主要是由于早期损伤并未得到重视和及时处理,随着运动的进行以及强度和时间的逐渐增大和延长,长期的损伤持续积累和反复,损伤程度越来越重,引起了非常严重的后果;而急性损伤往往是在运动过程中,练习者动作变形并用力过猛,在发

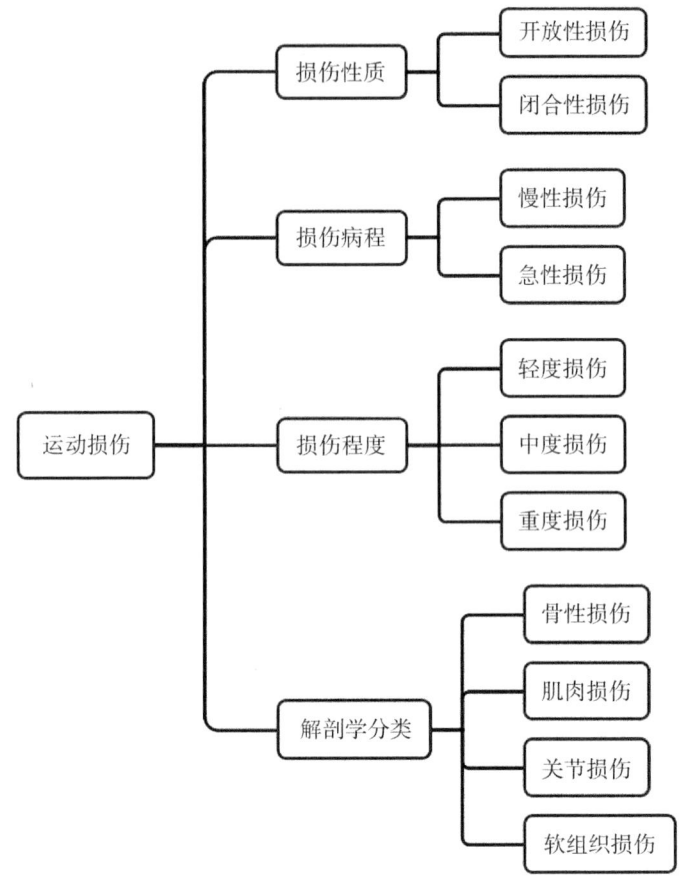

图 9.1 健美操运动损伤分类

力一瞬间造成了关节韧带的损伤,受伤后不久即感受到剧烈的疼痛,无法继续进行运动。

根据损伤程度的不同,我们可以将损伤划分为轻度、中度和重度 3 类。在运动中受伤后,练习者仍能按照训练计划进行练习即轻度损伤;受伤后 24 小时内不能按原计划进行训练即中度损伤;受伤后完全不可运动即重度损伤。

按照解剖学角度进行分类,损伤可被划分为骨性损伤、肌肉损伤、关节损伤以及软组织损伤 4 种类型。骨性损伤是指受伤部位的骨骼发生弯折或折断,需要进行及时的矫正和固定;肌肉损伤是指受伤部位的骨骼肌发生撕裂或断裂,该部位无法进行移动;关节损伤是指身体发生不规则扭转,导致骨骼之间产生错位或韧带拉伤;软组织损伤指的是由于急性外伤或长期劳损等因素所导致的人体皮肤、肌腱、韧带、关节囊、椎间盘以及周围神经血管等组织的病理性损伤。

在健美操运动中,常见的损伤包括肌肉韧带拉伤、各关节扭伤、运动性疲劳、重力性休克、心绞痛、运动中腹痛、脚底筋膜炎和神经刺痛、籽骨炎、关节炎以及腰肌劳损等。

二、健美操运动损伤的原因

(一)准备活动不充分

运动损伤的发生与准备活动的习惯息息相关,初学者往往容易忽视准备活动,对其重要性没有清晰的认识,具体表现在:

1. 准备活动被忽视或准备不充分

在健美操运动开始前,肌体状态不能满足运动要求,肌肉弹性不足,收缩拉长缓慢,韧带延展性差,关节活动范围受限;当需要作出大幅度动作时,便会因其韧带无法匹配肌肉的拉长,导致韧带的损伤。

2. 准备活动内容不合理

准备活动的动作与健美操项目的特点不相符合,无法对健美操运动重要关节韧带进行针对性的拉伸,暂时的机能低下造成局部的组织损伤。

3. 准备活动时机掌握不当

准备活动的进行与正式运动之间的间歇时间协调不合理,过早地进行准备活动会将上升的机能水平再度下降,在运动过程中机能水平无法适应运动强度,易导致肌肉的拉伤。

(二)科学运动意识薄弱

很多练习者对健美操运动的难度认知不高,容易高估自身的运动能力,选择过高的难度动作进行操练,大大提高了损伤的风险;同时,练习者由于没有足够的练习经验,盲目进行不合理动作的练习或练习过程中动作犹豫不决,也会导致损伤的发生。

(三)身体状况不佳

练习者在进行健美操运动前,睡眠或休息不佳、患病或伤病初愈、身体素质较低等不良身体状况,无法适应健美操快频率、大幅度的特点,动作发生变形,肢体反应迟钝,肌肉松软无力,也会让身体关节肌肉受到损伤。

(四)外部环境不良

健美操运动需要一定的空间,并且练习者在运动过程中也需要使用各种不同的运动器械。场地不平整、器材损坏、障碍物多等场地、器械问题和气温过高或过低、雾天视觉受限等气象因素,也是导致运动损伤的重要原因。

三、健美操运动损伤的处理

运动损伤的发生代表着人体生理方面受到了伤害,那么及时地进行运动损伤的处理就显得尤为重要。掌握正确的方法和时机能够降低运动损伤对肌体带来的危害风险,保护练习者不受到进一步的生理损害,也能够缩短受伤的持续时间和延长专业运动员的职业寿命。运动损伤的分类不同,损伤特点各异,处理方法也不尽相同。

(一)关节韧带损伤

关节韧带的损伤大多是由于外力的作用导致身体部位发生闭合性损伤。关节受到外力的作用进行非常规的运动,关节韧带受到过度牵拉而发生严重形变,是健美操运动中较为常见的损伤。

1. 肩关节损伤

一般发生在肩关节反复用力过猛、劳损或技术动作的操练错误的情况下。进行肩部绕动、振动训练以及俯卧撑等练习时,可能会引发肩关节扭伤,其常见症状包括酸痛、急性肿胀和活动范围受限。

对于单纯的韧带拉伤,可以先采用冰敷和加压包扎的方法处理,48小时后再考虑热敷、针灸等治疗方法。然而,如果出现剧烈疼痛或韧带断裂的情况,应立即就医。

2. 膝关节损伤

膝关节损伤后大多呈现肿胀、疼痛的症状,在健美操练习中,并腿纵跳、分腿半蹲跳、弓步跳等动作均可能导致膝关节的损伤。如半月板撕裂或膝侧副韧带断裂等严重损伤,可听见明显的摩擦声。

轻度损伤可以局部外敷药物、内服消肿止疼类药物，也可进行理疗、针灸等手段；但当遇到韧带断裂和半月板撕裂等严重情况，应及时送医治疗。

3.踝关节损伤

健美操运动过程中，身体由空中落到地面的瞬间，脚与接触面的不一致导致重心失去平衡，踝关节容易外翻或内翻，引起损伤，例如吸腿跳、弹踢腿跳、摆腿跳、单脚站体等单脚跳起类动作均易造成踝关节的损伤。

踝关节受伤后应立即进行冷敷和绷带固定包扎处理，同时将肢体抬高超过心脏位置，等待完全恢复后再进行运动，避免踝关节承受压力后发生二次损伤。

（二）骨性损伤

骨折是骨性损伤的常见形式，通常发生在运动过程中，由于直接或间接的强烈撞击或牵拉导致骨骼或其小梁结构发生断裂或弯曲。这种损伤在运动中属于较为严重的情况。

当发生骨折时，首要任务是防止伤员休克，并避免随意移动受伤的肢体，应当使用夹板或其他固定工具来稳定并固定伤肢。上肢发生骨性损伤，可用长方形木板拖住伤肢，用绷带捆绑受伤骨骼的两端；如若下肢发生损伤，可将两腿并起来并用绷带进行捆绑，搬运时注意防止受伤肢体受力，保持伤员身体的平稳。同时，当发生开放性骨折的情况时，应先及时止血并对伤口处进行包扎。

（三）软组织损伤

根据软组织损伤的部位是否与外界相同，可将其分为开放性损伤和闭合性损伤。

1.开放性损伤

主要指的是局部皮肤或黏膜的破裂，导致伤口与外界相连通，通常伴有血液和组织液的流出。在健美操练习中，运动者可能会因肢体与器械意外擦伤，导致皮肤组织破损，血液和组织液流出。对于这类伤口，如果伤口较浅，可以通过生理盐水清洗并涂抹红汞或紫药水进行处理。撕裂伤则是由于运动过程中身体部位受到强烈的外界撞击，导致皮肤组织撕裂。对于较小的撕裂伤,消毒后可使用红药水擦拭;而对于较大的伤口,则需迅速止血并送医治疗。

2. 闭合性损伤

闭合性损伤在健美操运动中较为常见,其中肌肉拉伤尤为突出。这通常是由于肌肉主动收缩力超出其承受范围,或受到外界的过度拉伸导致的。此外,关节处的炎症也是常见的闭合性损伤,这通常是由肌肉反复快速收缩、导致肌腱与腱鞘发生摩擦而引起的。肌肉拉伤后,局部会出现疼痛、肿胀、压痛,并限制肌肉的活动。当肌纤维断裂时,会有明显的"撕裂"感,并可能导致相应关节的运动功能严重受损。

针对肌肉拉伤,应立即采取冷敷措施,如用冷水浸泡或冰块外敷,以减少出血和肿胀;24 或 48 小时后,则可以采用热敷来促进血液循环,帮助恢复。若发生肌肉或肌腱断裂,应及时进行包扎并送医手术治疗,以最大程度地恢复运动功能。

四、健美操运动性病症的处理

(一) 肌肉痉挛

在高强度或长时间的训练过程中,某些部位的肌肉有时会突然变得非常僵硬,并伴随疼痛,影响正常活动,这种现象被称为肌肉痉挛,人们通常称之为抽筋,指的是某块肌肉突然不受控制地强烈收缩。其中,小腿腓肠肌是最容易发生痉挛的肌肉部位,其次是足底屈拇肌和屈趾肌。

当遭遇轻度肌肉痉挛时,可以相反方向缓慢牵引痉挛肌肉,并保持一段时间,通常能有效缓解。在此过程中,切记用力要平稳,避免过度用力。例如,当腓肠肌发生痉挛时,可以尝试伸直膝关节,将踝关节背伸,同时结合局部按摩、揉捏、轻敲及穴位按压(如承山、涌泉、委中穴)等方法。

(二) 中暑

在高温环境或长时间暴露于烈日下运动时,往往会出现头晕、疼痛、心慌、无力、口渴、恶心等症状,这些都是中暑的迹象。中暑是由于在高温环境下进行高强度运动时,人体体温调节中枢功能受损,汗腺功能衰竭,导致水和电解质过度流失而引发的一种疾病。中暑的主要类型及症状包括:

1. 热射型中暑：体温上升，伴随头晕、疼痛、心慌、无力、口渴、恶心及大量出汗等症状。

2. 循环衰竭型中暑：表现为面色苍白、皮肤湿冷、血压下降、神志模糊，甚至陷入昏迷状态。

3. 热痉挛中暑：虽然体温可能不升高，但会出现腹部和四肢肌肉的痉挛和剧烈疼痛。

4. 日射型中暑：主要表现为头晕眼花、剧烈头痛、恶心呕吐和心情烦躁，体温升高的现象可能并不显著。

一旦出现中暑的先兆或轻度症状，应立即离开高温环境，移至阴凉通风处休息，并饮用凉茶、淡盐水或其他清凉饮料。对于高热患者，应将其移至阴凉通风处，采取仰卧位，头部垫高，解开衣物，扇风降温，冷敷头部。如症状未缓解，应迅速送往医院接受治疗。

（三）运动后的肌肉酸痛

在进行体育锻炼，尤其是初期或高强度训练后，常会出现肌肉酸痛。根据疼痛出现的时间，可分为即刻痛和延迟痛。即刻痛通常因肌肉局部缺血引起，运动后很快感受到，但通常很快消失。而"延迟性肌肉酸痛症"则是锻炼后8～24小时出现的肌肉酸痛，其疼痛在24～72小时达到高峰，5～7天后逐渐消失。此外，肌肉还可能变得僵硬，轻者压痛，重者肿胀，影响活动。

肌肉酸痛的产生与肌肉内部能量代谢有关。运动时，肌肉因供氧不足，依赖肌糖原无氧分解产生能量，同时产生乳酸。若乳酸不能及时排出，会堆积在肌肉和血液中，引发酸痛。此外，局部缺血、缺氧、酸性物质刺激以及运动引起的肌肉损伤或痉挛也是肌肉酸痛的原因。肌肉酸痛是一种正常的生理现象，不应误认为是疾病，也不应因此放弃锻炼。

运动后应做一些使肌肉放松的活动，如使用热敷加快血液循环，或者对疲劳的肌肉进行按摩以促使血液循环畅通。也可以通过热敷、按摩等方法缓解所产生的症状，促进恢复的速度。同时，对肌肉进行牵伸也可减轻酸痛。

五、运动损伤及病症的预防

为了防止运动损伤的发生，健美操练习者须掌握正确的运动方法，科学提高运动技能和水平,充分认识预防运动损伤的重要意义;同时,在损伤发生后,须切实预防二次损伤的发生,加强自身薄弱部位的力量,积极保护受伤部位不受压迫,确保痊愈后可再次投入到运动当中。

(一) 强化准备与放松活动的意识

在进行健美操运动前,应根据健美操运动的特点和自身关节活动部位,选择合适的准备活动内容——既要有一般性的准备活动,又要有专项性的准备活动,如选择弹踢腿动作作为热身内容,可以在达到热身效果的同时为后续成套动作的练习作铺垫。同时,需把握准备活动运动强度以及准备活动与正式运动之间的间隔时间,使得肌体在合理的强度范围内进行安全的热身活动,避免身体进入疲劳状态,导致肌体机能无法与难度动作相匹配;并且须预留适当的休息时间,让肌体在正式运动开始时仍处于兴奋状态,更好地投入到练习当中。

在健美操运动完成后,进行低强度的呼吸体操与肌群拉伸练习至关重要。这些活动能有效缓解局部肌肉的轻微痉挛和疲劳、促进血液循环、减少肌肉酸痛,并预防肌肉过度僵硬和慢性劳损。通过这样的放松,身体各部分能得到良好的恢复,为接下来的运动练习做好更充分的准备。

(二) 遵循科学训练原则

不同的练习者有着不同的身体机能水平和健美操运动经验,练习者需要选择与自身能力相匹配的难度动作进行训练。难度过大会导致练习者无法正确完成该套动作,进而可能作出极为危险的尝试,以及对难度动作的训练经验不足,盲目更改动作顺序,动作之间的有效衔接遭到破坏,容易产生不规则动作而引发运动损伤。并且,同一种训练方法并非适用于所有练习者,练习者需要根据自身实际情况调整训练方法,选择一套高效且适合自己的训练手段。

运动强度和运动时间的调控也至关重要。较大的运动强度容易加速人体机能的疲劳程度,降低肌体兴奋水平,增加运动损伤的风险,因此,训练的运动强度应符合自身机能水平,采用合理的运动强度进行科学的训练;而较长的运动时间同样也会让肌体的疲劳状况加剧。心肺功能的下降、肌肉力量的减弱、反应速度的减缓均是造成运动损伤的重要诱因,所以练习者需调节运动时间,在感受到身体疲惫时应及时进行必要的休息,在恢复机能的同时调节心理状态,时刻保持最佳的身体状态进行训练。

(三)合理使用运动器械

健美操运动的器械多种多样,练习者常用踏板、弹力绳、扶肋木等进行技能的训练。在不同器械的帮助下,练习者可以很好地掌握健美操动作,增强自身技能熟练度。但器械的使用却暗藏玄机,不同的器械有不同的练习要求,如果违背器械的使用原理,那么运动损伤的风险便可能加大。例如哑铃操所需应用的哑铃,练习者在使用时应注意选择合适的哑铃重量,并以正确的握哑铃姿势进行运动,过快的哑铃推举加上身体的摆动,容易造成肌肉拉伤,严重者甚至导致肌肉的撕裂。所以运动器械的使用需格外小心,掌握器械使用的正确方法,选择宽敞的训练环境,充分利用器械的自身特点和优势,在安全的前提下进行健美操的练习。

(四)选择安全训练环境

在健美操训练过程中,练习者对场地的规范性应有一定的要求,良好状况的场地可以给练习者提供安全的训练环境。在跃起落地和大范围移动时,平整和无障碍的地面能够避免运动损伤的发生,而凸起的地面容易导致落地部位受力不均,肌肉韧带无法给予足够的支撑,进而发生关节扭伤或肌肉拉伤。并且练习者训练前需要观察周围环境状况,挪开可能阻挡移动路线的运动器械。如在练习过程中,不小心踩到踏板等与地面具有一定高度的器械,导致身体的重心发生偏移,力量集中于同一部位,受伤的风险便大大增加。因此,练习者在进行健美操运动时,快频率的肢体动作和大范围的移动需要选择安全的训练环境,避免运动损伤的发生。

(五)重视素质强化训练

受伤部位痊愈后一般力量较为薄弱,直接进行高强度训练极易导致运动损伤的二次复发,甚至形成慢性损伤。长期的伤病困扰使得受伤部位越来越脆弱,运动能力大打折扣,因此需要进行强化康复。可采用复合训练,即将多种训练方式组合成一种综合性训练模式,但在实际的训练过程中,需要依据运动员自身体能恢复状况进行训练,以循序渐进的运动强度强化受伤部位关节肌肉。身体素质的强化可帮助受伤部位不易再次发生损伤,同时也可避免练习者长期受伤带来的心理压力。

附录

健美操运动的常用术语介绍

（一）场地基本方位术语

一般把开始确定的某一面（主席台、裁判席）定位为基本方位的第 1 点，按顺时针方向，每 45°一个基本方位，将场地划分为 8 个基本方位，即 1、2、3、4、5、6、7、8 点，身体的正前方为 1 点，右斜前 45°为 2 点，右正侧方为 3 点，右斜方 45°为 4 点，正后方为 5 点，左斜后 45°为 6 点，左正侧方为 7 点，左斜前 45°为 8 点。（图 1.1）

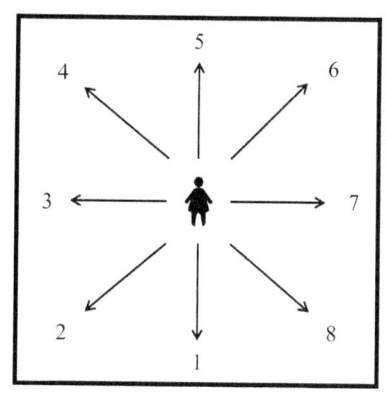

图 1.1 场地基本方位

（二）运动方向术语

向前：做动作时胸部所对的方向。

向后：做动作时背部所对的方向。

向侧：做动作时肩侧所对的方向，必须指明左侧或右侧。

向上：头顶所对的方向。

向下：脚底所对的方向。

左前：前和左侧的中间 45°的方向。反方向为右前。

左后：后和左侧的中间 45°的方向。反方向为右后。

中间方向和斜方向：两个基本方向之间 45°的方向。

顺时针：转动过程与时针运动方向相同。

逆时针：转动过程与时针运动方向相反。

向内：肢体由两侧向身体正中线的运动。
向外：肢体由身体正中线向两侧的运动。
同向：不同肢体向同一方向运动。
异向：上、下肢体向相反方向运动。

(三) 动作相互关系术语
同时：不同部位在同一时间做动作。
依次：肢体或不同个体相继做同一动作。
交替：不同肢体或不同动作反复进行。
异侧：与最初开始动作的肢体不同方向的上肢及下肢动作的配合。
对称：左、右肢体做相同的动作，但方向相反。
不对称：左、右肢体做互不相同的动作。

(四) 运动形式术语
举：手臂或腿向上抬起并固定在一定位置。例如：手臂上举、举腿。
屈：身体某一部位形成一定角度。例如：屈臂、屈体。
伸：身体某一部位形成一定角度后伸直。例如：伸臂、侧伸。
摆：肢体在某一平面内自然地由某一部位匀速运动到另一部位，不超过180°。例如：摆臂、后摆。
绕：身体某部分转动或摆过180°以上(360°以上称绕环)。例如：绕髋、肩绕环。
踢：腿由低向高做加速有力的摆动动作。例如：剪踢、弹踢。
撑：手和身体某部分同时着地的姿势。例如：仰撑、跪撑。
交叉：肢体前后或上下交叠成一定角度。例如：十指交叉、交叉步。
转体：绕身体纵轴转动的动作。例如：单脚转体、水平转体。
平衡：用一只脚支撑地面，身体保持一定的静止姿势。
水平：身体保持和地面平行的一种静止动作。例如：分腿水平支撑、水平肘撑。
波浪：身体某部分邻近的关节按顺序做柔和屈伸的动作。例如：手臂波浪、身体波浪、躯干波浪。

跳跃：双脚离地，身体腾空并保持一定的姿势。例如：团身跳、开合跳。
劈叉：两腿分开成直线着地的姿势。例如：横叉、纵叉。
梗：下颌内收、颈部伸直的动作。例如：梗头。
提：由下向上做运动。例如：提臀、提肩。
沉：身体某部分放松下降的动作。例如：沉肩、沉气。
含：指两肩胛骨外开，胸部内收。例如：含胸。
挺：一般指胸部或腹部向前展开。例如：挺胸、挺腹。
振：身体某部位弹性屈伸或加速摆。例如：振胸、振臂。
夹：由两侧向中间收紧。例如：夹肩、夹肘。
收：向身体正中线靠拢或还原到起始位置。例如：收臀、收腿。
推：以手作用于地面或对抗性用力。例如：推起、前推。
倒：身体（肩部）由高向低做弧形运动。例如：前倒、倒肩。
蹬：腿部由屈髋屈膝到伸直发力的过程。例如：蹬地、侧蹬。
倾：身体与地面形成一定角度。例如：前倾、左倾。
控：身体或肢体抬（举）在一定的高度上，并保持一定的时间。例如：控腿、控水平。

（五）动作衔接术语
由：动作开始的方位。例如：由内向外。
经：动作过程中经过的位置。例如：两臂经体前交叉。
成：动作完成的结束姿势。例如：左脚侧迈一步成左侧点地。
至：动作必须到达的某一指定位置。
接：强调两个单独动作之间连续完成。如团身跳接屈体分腿跳。

（六）基本步伐术语
弹动：膝关节有弹性地屈伸。
踏步：在原地两脚交替落地。
走：踏步移动身体。
一字步：向前一步并腿，向后一步并腿。
V字步：左脚向左前迈一步，紧接着右脚向右前迈一步，屈膝，然后依次退回原位。

漫步：左脚向前踏一步，屈膝，右脚稍抬起然后落回原处，接着左脚再向后踏一步，右脚同样稍抬起然后落回原处。

并步：左脚向左侧迈一步，右脚前脚掌并于左脚脚弓处，稍屈膝下蹲。

交叉步：一腿向侧迈出，另一脚在其后交叉，稍屈膝，随之再向侧一步，另一脚并拢。

半蹲：两腿分开或并拢，屈膝。

点地：一脚尖或脚跟触地，另一腿稍屈膝。

移重心：一脚向侧迈一步，经过屈膝重心移至一脚支撑，另一脚侧点地。

后屈腿：一腿站立，另一腿后屈，然后还原。

弓步：一腿向前（侧、后）迈步屈膝，另一腿伸直。

吸腿：一腿站立，另一腿屈膝向上抬起。

踢腿：一腿站立，另一腿直膝加速上踢。

弹踢腿：一腿站立，另一腿先屈膝，然后向前下方弹直。

跑：两腿依次经腾空落地，要求小腿向后屈膝折叠。

开合跳：由并腿跳成分腿，然后再跳回并腿。

并步跳：一脚向前侧迈一步同时跳起，另一脚迅速并拢成双脚落地。

点跳：一脚向侧小跳一次，另一脚随之并上垫步跳一次。

（七）特定难度动作术语

文森：膝关节内侧放于肘关节处的地面支撑动作。

托马斯全旋：分腿全旋。

分切：俯撑推起后两腿分别经两侧向前摆越成仰撑。

直升飞机：分腿坐后倒，两腿依次做绕环后成俯撑。

科萨克跳：双脚垂直起跳，双腿平行于地面，一腿屈膝。

剪踢：单脚起跳，一腿踢至水平面上，腾空剪刀式交换大踢。

剪式变身跳：单脚起跳，转体180°交换腿展示纵叉姿态。

依柳辛：由站立开始，一腿后摆在垂直面内绕环，同时身体以支撑腿为支点转体360°。

开普：单臂支撑侧水平劈腿。

(八) 动作强度术语

无冲击力动作：两脚始终接触地面，身体重心在两腿之间，没有腾空的动作。一般在练习前的准备部分和结束部分使用。

低冲击力动作：有一脚始终接触地面。

高冲击力动作：有腾空阶段，对身体有一定的冲击力。一般是有跑跳的动作形式。

参考文献

[1] 黄宽柔,李佐惠.健美操[M].北京:高等教育出版社,2016.

[2] 李德玉,胡素霞.健美操[M].北京:化学工业出版社,2018.

[3] 健美操运动教程编写组.健美操运动教程[M].北京:北京体育大学出版社,2013.

[4] 国家体育总局职业技能鉴定指导中心组编.健美操[M].北京:高等教育出版社,2005.

[5] 王洪.竞技健美操训练方法[M].北京:人民体育出版社,2009.

[6] 马鸿韬.现代健美操训练方法[M].北京:北京体育大学出版社,2005.

[7] 周爱国.体能训练理论与方法[M].北京:北京体育大学出版社,2016.

[8] 张英波.现代体能训练方法[M].北京:北京体育大学出版社,2006.

[9] 方熙嫦.健美操[M].福州:福建科学技术出版社,2015.

[10] 匡小红.健美操[M].北京:高等教育出版社,2010.

[11] 于可红.健美操教学与训练教程[M].北京:高等教育出版社,2021.

[12] 马鸿韬.健美操创编理论与实践[M].北京:高等教育出版社,2004.

[13] 肖光来.健美操[M].北京:人民体育出版社,2009.